中考热点作家

深度还原考场真题，感受语文阅读题的魅力
一书在手，阅读写作都不愁

安塞腰鼓

刘成章／著

中国出版集团有限公司

世界图书出版公司
上海　西安　北京　广州

图书在版编目（ＣＩＰ）数据

安塞腰鼓 / 刘成章著 . — 上海：上海世界图书出版公司 , 2023.10

（中考热点作家 / 李继勇主编）

ISBN 978-7-5232-0125-1

Ⅰ . ①安… Ⅱ . ①刘… Ⅲ . ①阅读课－中学－教学参考资料 Ⅳ . ① G634.333

中国国家版本馆 CIP 数据核字（2023）第 020267 号

书　　名	安塞腰鼓	
	Ansai Yaogu	
著　　者	刘成章	
责任编辑	魏丽沪	
出版发行	上海世界图书出版公司	
地　　址	上海市广中路 88 号 9-10 楼	
邮　　编	200083	
网　　址	http://www.wpcsh.com	
经　　销	新华书店	
印　　刷	天津市天玺印务有限公司	
开　　本	700mm×1000mm　1/16	
印　　张	14	
字　　数	181 千字	
版　　次	2023 年 10 月第 1 版　　2023 年 10 月第 1 次印刷	
书　　号	ISBN 978-7-5232-0125-1/G·809	
定　　价	39.80 元	

前　言

　　随着语文考试内容的改革，阅读的重要性逐渐凸显出来。近年来阅读题的比重在中高考考试中不断加大，阅读内容也越来越丰富，天文、地理、历史、科技等均有涉及；同时，体裁呈现多样化，涵盖散文、戏剧、小说、新闻等。文章涵盖面越来越广，意味着对学生阅读能力的要求越来越高。所以我们应该清晰地认识到，阅读能力的高低直接影响分数，如果阅读能力不过关，那么考试成绩肯定不会理想。

　　"读不懂的文章，做不完的题"一直是中学生面临的难点和困境。这就要求学生不能停留在过去的刷刷考卷、做做练习题，或是阅读一两本课外书的阶段，而是要最大限度地提升阅读能力，理解文章作者和出题人的意图，只有让学生进行大量有针对性的阅读，才是最切实有效的方法。

　　语文知识体系的构建和语文素质的养成，既需要重视课堂学习，又需要重视课外积累。那课外积累应该怎么做呢？高质量的课外阅读是非常有效的，这已经成为提升学生"综合竞争力"的有效手段。因此，我们策划出版了"中高考热点作家"课外阅读丛书，为广大中学生提供优质的课外读物。

　　这套系列丛书共18册，每册收录一位作者的作品，选取了该作者入选省级以上中高考语文试卷、模拟卷阅读题的经典作品，以及该作者未入选但适合中学生阅读的作品，帮助学生扩大阅读面，对标中高考。书中对每篇文章进行了赏析、点评和设题，能够助力学生阅读，有利于提升学生的文学素养、答题能力和答题速度。

本系列丛书收集了在国内中高考语文试卷阅读题中经常出现的18位"热点作家"杜卫东、高亚平、蒋建伟、刘成章、彭程、秦岭、乔忠延、沈俊峰、王剑冰、王若冰、王必胜、薛林荣、杨献平、杨海蒂、杨文丰、张庆和、朱鸿、张行健的优秀作品。这些"热点作家"入选中高考语文试卷阅读题的作品多以散文为主,他们的作品风格多样,内容丰富,但都具有很高的文学价值和浓郁的时代气息。这些作品不仅对中学生阅读鉴赏能力和写作水平的提升有促进作用,还对中学生的生活和学习具有启迪和指导意义,我们相信这套丛书会受到广大师生的喜爱和欢迎。

新中(高)考背景下的语文学习,阅读要放在首要位置。事实上,今后的中高考所有学科都会体现对语文水平的考查。不仅是语文试卷增加了阅读题的分量,其他学科也越来越注重对学生阅读理解能力的考查。提升阅读能力是一项任重道远的工作,重在培养兴趣,难在积累,贵在坚持。只要持之以恒,一定会有意想不到的收获。

目 录
CONTENTS

第三辑　陕北风物

第四辑　情深浅语

第五辑　无声足迹

第一辑

关中风情

　　也许是前来倒水的列车员把你碰了
一下，你不经意地睁了睁眼睛，昏沉沉
准备继续再睡；可是这一睁之间，已有
一股力量叩响你的心头，你为之震惊，
清醒过来。你朝车窗看出去，啊！那么
灿烂的颜色！那么艳黄的颜色！一片！
一片！又一片！

【2007 年湖北省咸宁市中考】

阅读下面的文章，完成各题。（15 分）

读　碑

刘成章

①我说的是人民英雄纪念碑。

② 20 余年前，我第一次看到它，印象十分深刻，它庄严、雄伟、壮观，像一个有着汉白玉肌肤的巨人，站立在天安门广场。

③它正面的题词，我细细地读；它背面的碑文，我细细地读；它底座的浮雕，我一一细心地看了。题词和碑文沁入我心，浮雕又夯实了我对它的记忆。

④忘不了的还有，离开的时候，见石栏杆前，一位喜盈盈的少妇，抱着一个牙牙学语的孩子，少妇抬抬下巴指点，孩子伸出嫩藕般的小手，抚摸石栏上突起的圆柱。它使我怦然心动，刹那间，昨天，今天，明天，一齐在心头涌现。我不由再次仰起头：彼苍者天，伟哉此碑！丰碑千秋！

⑤后来，我每次去北京，天安门广场都是少不了要去的地方，

去了，自然要去瞻仰纪念碑。那碑上毛泽东的题词，那碑上毛泽东起草、周恩来手书的碑文，我不敢说倒背如流，起码是牢记在心里了。随着阅历的增长，我对它的体会更深。

⑥但是，那年去了一趟南泥湾，我竟发觉，我并没有读懂！

⑦南泥湾有个泉，叫作九龙泉，泉上小亭如开花的浓荫，掩映着一座烈士纪念碑。那是当年王震同志率领的三五九旅，在这里开展大生产运动时立下的。多年的风雨剥蚀，那碑身已经有些残破。

⑧它的正面，像个储得满满当当的铅字架；它的背面，也像个储得满满当当的铅字架；整个碑上，是字的堆积，字的重叠，字的密密麻麻。什么字？森林一样的烈士的名字！

⑨我的呼吸急促起来。啊，一个旅几年就牺牲了这么多的战士！

⑩泉水如泣如诉。

⑪烈士的名字究竟有多少，我没有数，只是粗估了一下；然后，我将目光投向前边开阔的川道。我在想：要是把每一个名字都复活为一个血肉之躯，那么，他们足足可以把多半条川道站满！要是他们又像开誓师会那样高呼，那么，这条川道将震响着一片多么恢弘的声音！

⑫我于是想起了人民英雄纪念碑。我以前实在没有读懂它。那碑文中的"三年以来……""三十年以来……""由此上溯到一千八百四十年……"，只从字面上读读就行了吗？它的背面还有什么呢？难道不是铭刻着的密密麻麻重重叠叠逶逶迤迤起起伏伏触目惊心比森林还要辽阔十倍百倍的烈士的名字吗？名字的数目，不是几十万，不是几百万，而是几千万！他们的人数，是要比世界上绝大部分国家的公民数还要多的！然而为了缔造我们的幸福生活，这么多，这么多的英雄儿女，竟都倒在血泊里了！

⑬这一层，看起来浅显，但的确不易读出它的最基本的东西。

⑭读书往往要读注释，才能读懂。读碑文也需要注释。南泥湾的九龙泉纪念碑，是人民英雄纪念碑的一条极好的注释。

⑮现在完全读懂了吗？不敢说。但起码，每看见人民英雄纪念碑，心中便升腾起一股悲壮感和使命感。

1. 结合文章内容，说说作者为什么读懂人民英雄纪念碑后，"心中便升腾起一股悲壮感和使命感"？（4分）

_____

_____

2. 到南泥湾之前和之后，作者对人民英雄纪念碑的认识有什么变化？请用自己的话回答。（6分）

_____

_____

3. 在社会实践活动中，你对某一事或某一物的认识过程，或许类似于作者对人民英雄纪念碑的认识过程，请写出。（5分）

_____

_____

_____

名师带你读

殷殷插柳

名师导读 ▶

　　刘成章的散文，不局限于一物，而以物象为中心，集中与民族精神、民族性格、民族气魄、民族气节相联系的地方，加以发掘、表现。插柳的人，都是有血有肉的人，他们有自己的情感，也有自己的欲望。他们用自己的行动，来表达对春天、对天地、对万物的崇敬与热爱。

　　有一句过目难忘的诗，是24K的金子，光芒四射，你一搭眼，它就会钻到你的心里。

　　它是一朵销魂的花，却不知出自哪一页历史哪一枝头。回眸春天的枝头，有的挑着"闹"字，有的探头墙外，有的东君着意，有的晴风吹暖，而有的下面，

"文字红裙相间出""春事已平分"。一朵朵，都会引来蜂飞蝶舞。它，在哪一朝代的哪一棵树上？

它是一滴有灵性的雨，却不知来自哪一朵思绪充盈的生雨之云。是杜甫、李白，还是王维、杜牧？抑或，往下数，宋朝的苏轼、元代的白朴？明朝的于谦、清朝的郑板桥？

① 滚滚流水，逝者如斯。这诗句闪耀在岁月的波涛中，历久弥新——

"插柳不叫春知道！"

② 看看，是何等的风姿绰约，何等的仪态万种！

然而，只此一句，既无上句，也无下句；既是题目，也是全诗。它是一种意象：旭日喷薄，英姿奋扬；处处生机，遍地希望；殷殷插柳，别无所求。

别看这短短的一句，却抑扬顿挫，平仄起伏，极尽美感。俗话云"孤掌难鸣"，它就是孤掌，是一只手，却鸣出了天籁一样的韵脚——ao，押的是句内之韵。

在古中国浩瀚无边的诗文里，它是一道绚烂的风景。

在我看来，它可以抵得上一件青铜器，抵得上一件金缕玉衣。但它与它们不同。它们缺少些脉动和呼吸，而它，七个字里有魂，有灵，有丰沛的生命气息，有文学的生命力。

它一直陪伴着春。

③ 春是拱开地皮蠕蠕而动的蚯蚓，春是燕子掠过的河水，春是刚刚钻出泥土的草的嫩芽，春是带着露珠儿的荠菜、苦菜、蒲公英、白蒿芽、灰条菜、马苋菜。

❶ 这一句诠释了时间像流水一样不停地流逝，一去不复返，感慨人生世事变化之快，亦有惜时之意在其中。

❷ 作者直抒胸臆，点出了"插柳不叫春知道"蕴含的道理，体现出一种无私奉献的精神和成人之美的胸襟。

❸ 采用一连串比喻的修辞手法，诠释了春的含义。美妙的描写，渗透了作者对春的理解和向往，字里行间蕴含着对早春的赞美，显示出春天的盎然生机。

春是莺啼恰恰，蝶舞翩翩，乱花浅草，烟雨酥泥。

春是发生，是原点，是根源，一切从春开始。古话说："一元复始，万象更新。"

春是希望。有了春，才有绿草铺到山野，才有花骨朵缀上树枝，才有羊羔落地，才有百鸟孵卵；才有夏的热烈华美，才有秋的丰谷硕果，才有冬的温暖和酒香。

① 春是新生的力量。"春在前村梅雪里，一夜到千门。"春草是孙悟空的毫毛，拔一根下来吹一口，漫天飞扬，一落下来，遍地都是春草，遍地都是绿色。春花是娘子军不让须眉，看那花团锦簇，雷声隆隆壮威，河沟里钻，岩石上爬，攻占一山又一山，姹紫嫣红，汹涌奔突。

② 春意不可违。人误春一季，春罚人一年。

世间最美者，春也；世间最新者，春也；世间最动人者，春也。春是神，关爱着一切生命；春又是客观世界和客观规律。

然而，这句诗的焦点却在春之外，是勤奋的插柳者。插柳者是审美的中心，它诠释着天地精神。

插柳不叫春知道。

这是一种襟怀境界，一种人格高度。在我们中国古代、现当代的浩瀚史书上，每一册都有这样的人物、这样的插柳者。他们或者以满腔春水，浇灌四方；或者沉潜砥砺，开辟新境；或者挥舞阳光，一脸欢欣。

插柳不叫春知道。

③ 春是春草一样的老百姓，是大树一样的老百姓，

❶ 春天是生命的开始，万物复苏，一切都在孕育，春天带来活力与灵魂的苏醒，春天带给人们无穷的力量与希望。

❷ 这句话起过渡和转折作用，引出下文春意为什么"不可违"。

❸ 赋予春新的含义，把春比喻成老百姓，老百姓如春草、如大树，老百姓的坚韧性格生动形象地被刻画了出来。人民的重要性如春一样，体现了春在作者心中的重要性。

是人民。民为重，人民最大。

殷殷于春，殷殷插柳，殷殷切切孜孜矻矻。插柳者倾情耕耘，全力奉献，施恩不图报。多少春风，挟带着插柳者的喘息之声；多少春雨，掺和着插柳者的汗滴。插柳者不图什么，只是为了给春添一分烂漫。

❶ 插柳者爱春、护春，那种殷殷之情如伟大的母爱，深沉、博大、无怨无悔。

①插柳者爱春、护春，是一种骨肉情感，有如母爱。有如灾荒年里，母亲把自己不多的饭食，偷偷地拨进儿子的碗里；有如儿子远行，母亲日夜担心，悄悄地为儿子许愿祈祷；有如儿子发现这些之后，母亲总是会闪烁其词，竭力掩饰否认。插柳者的这种情，洁净、深沉，是一种大爱。

插柳不叫春知道。

春，也是学界文坛。插柳者甘于寂寞，甘于淡出公众的视线，甘于终年置身斗室，目不旁骛，埋头著述。他们以赤子情怀，书写云霞之章。他们是奉献自己、将火种带到人间的盗火者。

❷ 此段重点阐述了插柳者的精神，这种无私奉献的精神是本文的宗旨。

插柳不叫春知道。

②春是他人，是与插柳者自己没有多少关联的人。而插柳者，也是平凡的人。在人群里，他们往往貌不惊人，甚至连说话都有些木讷；他们善良、实诚，积极向上，只是悄悄地做着好事，帮助他人，只有这样，他们心里才快乐。

❸ 插柳者默默无闻地付出，不喜欢张扬，但他们却能如高山流水般荡涤人们的心灵，他们牢记人民的重托，一步又一步，不求丰厚的回报。

插柳不叫春知道。

③他们不需要被知道，不想被知道，他们不喜欢张扬。他们的行为不是展示给世界看的——就像高山流水，就像稻田蛙声，就像春花秋雨。他们自己就是

世界的一员。

天底下的鸟儿天天歌唱，哪一只鸟儿是在歌唱自己？

插柳者是有血有肉的生命个体，他们有七情六欲，他们又是历史长河里伟岸的人。他们以自己的行动，表达出对春的敬畏，对世界的敬畏，对众生的敬畏和挚爱。

插柳不叫春知道。

殷殷插柳，插柳者融身于柳。

殷殷插柳，插柳者融身于春。

①不叫春知道的插柳，只是心灵的需要、情感的需要、天职的需要。插柳者的一俯一仰，一颦一笑，一生一世，都是诗，都是诗里的内容和韵律。

❶ 总结全文。插柳者只是根据心灵的指引，做自己该做的事情，他们的心胸、动作、音容，都如诗一般，美化着人间，美化着我们的生活。

延伸思考

1. 文中"殷殷插柳，插柳者融身于柳。殷殷插柳，插柳者融身于春。"这样写分别有什么含义？

_____

_____

2. "插柳不叫春知道"在文中多次出现，运用了什么修辞方法？有什么好处？

_____

_____

关中味

名师导读 ▶

　　《关中味》是作家刘成章反映陕北风情的一篇散文，充满了浓重的乡土气息和时代的味道；在表现上，它吸收了陕北民歌"信天游"的韵味，以诗的形式，简洁而又巧妙地构思，语言诙谐、趣味盎然，使读者案前如同放着一碗喷香的油泼辣子彪彪[1]面。让我们一起去品尝一下吧！

❶ 文章以油泼辣子彪彪面开篇，并简单介绍了其悠久的历史文化，写出了陕北人民对油泼辣子彪彪面的喜爱之情。

　　① 不知哪辈子，也许可以追溯到大批工匠烧制秦俑的年代，关中农民和油泼辣子彪彪面，就结下了不解之缘。即使一年到头天天以此为食，他们也决不腻烦。他们几乎认为，所谓幸福生活，那完全是其他方面的事情，至于饮食，有一碗油泼辣子彪彪面在口里稀溜稀溜地受用着，便觉得天也蓝，水也绿，鲜花也似锦，自己则美活得就像个天字第一号的皇帝老子了。甚至

---

[1] 彪彪：读 biang。因为是合字，文章统一用"彪"字替代。

10

连一些出身于关中农村的干部、教授、工程师，也不能摆脱这种习性，一如他们的普通话里总夹杂着乡音一般。他们虽然已离家几十年了，生活也优裕，居室陈设一派都市气氛，但隔三岔五的，也不忘吃一顿油泼辣子彪彪面。尤有甚者，习性执拗[1]得如华山不可动摇，不管在家还是出门，非此面不食。①人家把他请到宴会上，他望着山珍皱眉，望着海味皱眉，好像那七碟子八碗都是他的前世冤家；要是主人知道个中原因，立即命厨师专门为他做一碗油泼辣子彪彪面端上来，他便会像诗圣杜甫闻官军收河南河北一般狂放，假使不怕有失体统，真要漫卷点什么东西了——也许就是碗中之面。

　　油泼辣子彪彪面，关键在于一个泼字。不是滴，不是淋，而是泼，像泼水一样泼。这就要求有较多的油。除油之外，还要有辣子和面粉。②烹饪也不难：先把面粉做成厚而韧的面片，煮熟，捞在大碗里，然后把一勺烧得冒烟起火的菜油——浪漫极了，看起来是一勺飘动的火焰，一勺艳鲜的霞光——嗞啦一声泼上去，这就好了。一碗油和辣子撞击出来的香味。一碗丰厚而凌厉的刺激。香得很。

　　③关中农村最美丽的景色，最使人感动、最使人难忘的景色，就是围绕这一碗油泼辣子彪彪面而展开的。

　　春天，你乘着火车，在关中大平原上飞驰。你累得要死，不管车厢怎么晃荡，睡了一觉又一觉。也许是前来倒水的列车员把你碰了一下，你不经意地睁了

❶ 采用对比的修辞手法，把当地人对待山珍海味与油泼辣子彪彪面截然不同的态度刻画得淋漓尽致，体现了他们对油泼辣子彪彪面的酷爱。

❷ 采用比喻的修辞手法，把做面时的"泼"，描写得异常生动形象，把烹饪过程说成是一种极度的浪漫，这是把生活艺术化了，把很平常的彪彪面赋予了艺术，增强了美食的魅力。

❸ 这是一个过渡段，具有承上启下的作用，很自然地引出了下文对于彪彪面的各种描写。

[1] 执拗一词反映了陕北人对彪彪面难舍的情怀。

11

睁眼睛，昏沉沉准备继续再睡；可是这一睁之间，已有一股力量叩响你的心头，你为之震惊，清醒过来。你朝车窗看出去，啊！那么灿烂的颜色！那么艳黄的颜色！一片！一片！又一片！

①那是盛开的油菜花。那是我们共和国国旗五颗金星才有的颜色。擦着车窗，擦着睫毛，一片一片飞过。你的精神亢奋起来，再也睡不着，一任那浩阔的金黄向你劈头盖脸地喷洒。这时候，你如果吟出一首诗来，那每一行，每一字，每一个标点符号，都应是 24K 的纯金！

深秋，在关中平原的一些地方，在一些地方的公路两侧，几乎是一夜之间，矗立起一道又一道高墙。②你在那高墙间的巷道上行走，怎么也走不到头，就像走进了一个人迹罕至的大峡谷。那高墙是绿的翡翠和红的玛瑙镶嵌成的，一闪一闪的发光。好奢华的墙啊！

那是收挂起来的辣子。你一定早已嗅到那火烈辛辣的气味了。天空射来的太阳光线，在辣子上磨过，都成了红热而扎人的细铁丝。连鸟儿也唱着带刺的歌。

在这儿，辣子，似乎不再是被人们一小撮一小撮食用的调料了，而是以十吨计百吨计的煤炭之类的东西。忙碌而豪爽的大卡车从这高墙间驰过，笛鸣三声，声声喊叫着：辣！辣！辣！而那高墙就像两排关中后生，哗笑[1]起来。

小麦是关中平原最常见的装饰。③它装饰着冬，

① "那是盛开的油菜花"这句话与上段中"艳黄的颜色"相呼应，这句话点出了读者心中的疑惑，实乃点睛之笔。体现了春天里，盛开的油菜花是当地的一道风景线。

② 此处采用比喻的修辞手法，生动形象地再现了高墙的华丽——翡翠玛瑙镶嵌而成的，设置悬念，激发了读者的兴趣。

③ 采用排比的修辞手法，生动形象地描写了小麦的重要性，一年三季都少不了它的存在，体现了小麦在关中人们心目中的重要地位。

[1] 哗笑一词是陕北人开朗、豁达的真实写照。

装饰着春，装饰着初夏，以绿。广袤的田野因了它显出一派安详、温馨、无思无虑的气氛。快到端阳节，它开始成熟了，似有一把其大无比的刷子，蘸着黄中透红的颜色，在那碧绿的平原上，以一分钟一个村、一点钟一个乡、一天一个县的速度，从东到西刷过去，从潼关刷到宝鸡，一刷刷了八百里。八百里淋漓尽致。

在关中大地上行走，想起这些深储于心头的种种情景，你不由想到，这片土地，是油泼过的，是辣子炝过的，是面片铺成的。① 这片土地，就是一碗油泼辣子彪彪面。

❶ 此处作者把这片土地说成是一碗油泼辣子彪彪面，体现了人们对关中的深情。

延伸思考

1. 文中采用什么修辞写法，体现了人们对珍馐美味与油泼辣子彪彪面态度的不同？

_____

_____

2. 文中在写泼面的时候写到"然后把一勺烧得冒烟起火的菜油——浪漫极了"，为什么？

_____

_____

3. 文章结尾作者说："这片土地，就是一碗油泼辣子彪彪面。"为什么？

_____

_____

看麦熟

名师导读 ▶

刘成章的散文充满生活气息,善于从生活中的小事着手,此篇文章充分运用了比喻、排比等修辞手法,从日常生活中发掘人物之美。

❶ 此处引用农谚,生动形象地将清明时节小麦的生长势头表达出来,增加文章文采,富有感染力。

肥沃的关中平原,向以盛产小麦著称。从头年冬到次年春,走到田野上,那儿十有八九都铺着日渐加厚的小麦的绿毡。而到了清明节呢,^①农谚说:"清明麦子埋老鸹。"麦苗儿比站着走着跳着的乌鸦都高了。于是,田野处处,不再是绿毡了,而是厚可盈尺的绿绒被了。而清明节又好像只属于唐诗人杜牧。自从杜牧吟了一句"清明时节雨纷纷",千百年来的清明节,就总是打着杜牧的印记,含着杜牧的声息,就总是杜牧的诗和雨啊,纷纷,纷纷。现在,几乎说不清是杜牧的诗还是清明的诗,杜牧的雨还是清明的雨,反正它纷纷，纷纷，纷纷上午，纷纷下午，纷纷晚上，纷纷第二天早晨的七八点钟，把一块又一块的绿绒被儿，纷纷成了贵妇人的床上之物，绿光闪烁，好不喜人。① 从此小麦就可着劲儿长了，那绿绒被便膨起来，膨起来，一天一个高度，一天一个样子，直至像隆起的海浪碧波，涛声震响。这时候，一群天真烂漫的娃娃，不知从什么地方逮到了信息，说大海最是好耍处，便一齐相约跳入小麦的波涛里，游泳啊戏闹，戏闹啊游泳。但高站于云端的太阳喊道：那哪里是娃娃呀，那是风！

风，大概被太阳的喊声所烫，不再是浑身湿淋淋的娃娃似的清凉的了，扑在人怀里热烘烘的。

忽然有那么一天，人们热得都想剥光了衣衫，转脸看时，迎风摇摆、一浪推着一浪、有时候还发出哨音的麦梢儿已经黄了。

② 而麦梢儿本来是绿色的，像韭菜那么绿，像柳树那么绿，像野草那么绿，像它自身的叶叶杆杆那么绿，但是现在却变成黄的了。麦梢儿有了金子一样的颜色。最金亮的是那从裹着麦粒的苞皮间直刺上方的麦芒，根根都像正在放电的金丝，电火花在它的尖端闪耀。

麦梢儿的这一变化是一种信号，一种大动员的信号，一种摩拳擦掌的信号，一种龙口夺食的信号，一种即使是八十老翁也不能不下床的信号，它强有力地触动了每一个庄稼人的心。每颗心跳动的节律都加快了。而跳得最快最欢最美丽的心，却都装在婆娘们的胸脯里面。

婆娘是关中农村特有的名词，一般都理解为已婚

❶ 此处运用比喻的修辞手法，将小麦蓬勃生长的状态生动形象地展示出来。

❷ 此处运用了对比的修辞手法，将麦梢儿的绿和麦梢儿成熟之后的黄色形成色彩上的鲜明对比。

妇女。但据这儿的一些秀才们说，在表述上还应有点儿限制，应该在"妇女"前再加上"较年轻的"修饰语，即"已婚的较年轻的妇女"。他们说，对于另外的妇女，关中农村自有另外的叫法，具体地说，是把未婚的叫姑娘，把结婚日久的叫老婆。他们又在深入研究中发现，这样叫，大有深意在焉。姑娘，姑且在娘家之谓也。婆娘，一半在婆家一半在娘家之谓也。老婆，就老在婆家了。他们为自己家乡语言的博大精深感到骄傲，说，这些称谓简直是妙不可言，它们十分准确地揭示出女性在不同的人生阶段上的不同特点。按照他们的界定，婆娘不期然地闯入此文中了。① <u>此文的作者从生活中看到，把自己的一颗心分做两半儿的婆娘，负重最多爱最多，应是女性人生乐章中的最绚烂的一曲，最具有人情味和人性美，是一种极致。</u>

这不，看见麦梢儿黄了，婆娘们的心跳得最快最欢最美丽了。她们中有 20 多岁的，有 30 多岁的，也有的已经上了 40 大几。她们立即想到了娘，想到了娘家的麦田。她们既关心娘又关心娘家的农事。她们都准备去看望看望辛苦了大半年的爹娘和兄嫂弟妹，同时分享娘家麦子即将成熟的欢乐。于是，她们都忙碌起来了：蒸馍馍，烙锅盔，采拔菜蔬，买香蕉、点心。而丈夫也理解她们，公婆也理解她们：要置办什么，就让她们置办去吧；要什么时候走，就让她们什么时候走吧。咱关中不是有这样的俗话吗？② "麦梢黄，女看娘"呀！辈辈沿袭如此，今天到了改革开放的年代，更应该由着她们的心性去行事了。她们则小

① 此处以作者的所思所感，对文中的"婆娘"给予高度的赞美，同时第三者的视角也为读者的感想保留了思考空间。

② 此处引用俗语照应题目，并对文章标题进行了解释，让"看麦熟"的由来一目了然。

曲悄唱，加紧了手中的活儿。前村的大伯找我干啥呢？商量一起引进新树种的事吗？大伯！过些日子再来吧。俺看麦熟去呀，忙得没一点点空闲！大伯刚走，哎呀，宝贝蛋怎么尿到炕上了？哎，我说咱家的那口子！这时候还看什么电视呢，你就不能帮俺一把吗？丈夫赶忙过来了。多顺从的丈夫！她不由满意地抿着嘴笑了。接着手疾脚快地找篮篮，装礼物，梳洗打扮。——家家屋中大体都是这样。她们恨不得转眼间就能扑到亲娘的怀里。

过不了多久，广漠的田野上，村与村之间，大路小路，就到处都闪耀着她们的身影了。①她们的肌肤有的粉红，有的微黑，有的如春萝卜般的细嫩，有的如秋白菜般的健康，真是摇曳多姿。她们有的去赶班车，有的去搭顺路的拖拉机，有的骑着自行车，有的步行，真是风情万种。于是，这麦黄天，野外，人都惊叹关中路。为什么？关中路上多婆娘。关中路上多丽人。关中路上多娇艳。但不管是婆娘也好，丽人也好，娇艳也好，反正是一次爱的出巡。田野是大片大片的黄的色块，她们是红的绿的花的波漾的曲线。②色块不动，曲线飞逸；色块染曲线，曲线染色块；色块有了曲线的喜悦的旋律，曲线有了色块的成熟的神韵。而这一切是被馨香所浸透了的。要是这时候天上飞过一架飞机，那飞机上的飞行员、空姐、乘客，也是可以闻见一股一股的香味的。尽管他们可以弄清香味来自何处，从而一齐把鼻子凑向下方，但他们哪能分得出哪是麦香，哪是婆娘们的体香、心香？

❶ 此处运用排比和比喻的修辞手法，将有着不同外貌的"婆娘"鲜活地展示出来，充满了生机和活力。

❷ 此处以动静结合的方式，生动地将"婆娘"行走在田野间的动作描述出来，使文章充满了灵动的韵味和美感。

① 此处的秦腔原是一种听觉，一个"踏"字让它的节奏感立时鲜明起来，让"婆娘"们行走的视觉和秦腔带来的听觉联系起来，构成一幅立体的画面。

② 此处引用《诗经》，让通俗的秦腔也拥有了经过历史沉淀的底蕴。

③ 此处通过对"婆娘"们的动作描写进行细致刻画，生动地将她们勤劳能干的鲜活形象展示出来。

实则天上并没有飞机。天是那么蓝，那么纯，只有几只鸟儿偶尔跃上跃下。蓝的天空的衬托之下，布满麦田的大地显得更黄了。大地焕发出我们民族的原色，它那么丰盈，那么辉煌。婆娘们就走在那原色之中。

因为丰收在望，到处的庄稼人被它所燃烧，田野上便此起彼伏地飘荡着吼唱秦腔的声音。① 婆娘们就踏着秦腔的节拍。

就是在那原色中，就是在那秦腔的节拍中，一个声音说：② "父兮生我，母兮鞠我。拊我畜我，长我育我。顾我复我，出入腹我。"哪来的声音？《诗经》。婆娘们虽然不懂得《诗经》，但《诗经》里的这些意思，早就存在于她们的心坎里了。所以与其说这声音来自《诗经》，不如说是从她们的心坎发出来的。现在，她们就是奔着父母去的。那么，去去就行了吗？不！一个中学毕业的婆娘说，谁言寸草心，报得三春晖！于是她们想起了电视里常唱的流行歌曲《烛光里的妈妈》。那迷迷离离的 20 世纪的烛光，不就像千百年来的三春晖一样，使女儿们永远回报又永远无法回报得完吗？

奔着爹，她们在走；奔着娘，她们在走。她们的急切的沾着轻尘的布鞋、皮鞋、胶鞋，她们的这些鞋踩下的脚印，千姿百态，千姿百态都是情，都是爱，情和爱南来北往地撒布在旷野里，一如总也开不败的夏的花朵。

一片胜似一片的麦子，常常逗引得她们不能不停下脚来。③ 她们或者静看半天，或者干脆上前折下个穗穗儿，放在手心把颗粒搓下来，吹去皮皮，数数一共是多少颗，然后挑一颗胖嘟嘟的颗粒，轻巧地扔进红唇，用雪白的牙齿咬咬。只这么一下，她们就能估摸出眼前这片麦子能产多少斤上等麦，能磨多少袋特级粉，能擀多少案好面条了。心地高贵聪颖的她们，被关中大丰收的景象撩拨得晕晕乎乎的，竟至忘了此刻身在何处，以为自己的满口已是娘家麦子的芳香，所以已泼洒出千吨万吨的情意。终于恍然大悟，这哪是娘家的麦地呢，便独个儿笑了起来。嫣然一笑，如歌似的灿烂。但绝不吝惜泼出去的情意，娘家爹和丈夫都不是常说么，人不能太自私了，天下农民是一家。是的，也应该为别人喜欢喜欢。何况，娘家地土好，人又勤，麦子一定不会比这儿差，虽然现在还离了十里八里，还没亲眼看见，也应该提前为之开怀一乐了。

①满怀的麦香。满心的快活。满鬓角的汗珠满眼睫的光。她们的身姿是大小雁塔上的风铃，引得这儿那儿的正干农活的男人们，不时凝神瞩望。男人们都知道她们是干什么去的。她们不是歌星影星，不是富婆，不可能给爹娘送去一叠存款单。但是她们的行为比存款单更加可贵。如果娘家的天塌了，她们便是女娲；如果婆家的天塌了，她们还是女娲。男人们都为她们而感到自豪和充实。由于她们的存在和她们的举动，即使今年的麦子歉收了，他们也是会不住地唱着秦腔的。世界上有什么比美好的心灵更令人舒心的东西呢？

婆娘们又喜滋滋地迈开脚步了。②现在，娘正在做什么呢？是不是早站在村口的老椿树下等着我了？

❶ 此处三句话，每一句都用"满"字形容，将丰收的喜悦展示得淋漓尽致。

❷ 此处通过一连串的问句，设身处地地对"婆娘"们想要回到娘家见爹娘的心情表达出来。

那么，爹呢？爹又在做着什么？爹性子急，一定是风风火火地联系收割机去了。但他也不会忘记女儿这两天要回来，一定会早早地赶回家的。爹娘都上了一把年纪了，女儿多么想能这回多住上几天，好给他们凑一把力，把麦子颗粒一粒不剩地收到囤子里头。可是，他们会答应吗？^①爹一定又会厉声吼叫："哪有这种情理？快给我滚！"娘一定也又是柔声相劝："好娃，听你爹的话吧，回去吧。麦忙天，谁家不是等着人手用哩。"而着实说，自己也不会放心得下婆家的事啊！婆娘，婆娘，婆娘的心里有多少牵挂，有多少矛盾啊！

那么，只能是回娘家看麦熟了。当然，这期间一定要敬一份孝心，要尽量多帮爹娘干一些事情，比如光场（把打麦场碾实压光）呀，比如缝缝补补呀，比如领着患老年病的爷爷上医院诊治几回呀，等等，等等，都给它干得妥妥帖帖，以期达到离开时可以少一些牵肠挂肚。

不知什么时候哼起了歌谣。^②再好的歌谣唱上三遍，就觉得有些厌倦了，但是，脚下的这条路，连接着分成两半的心儿的路，已经走过百遍千遍了，却愈走愈亲切，愈走愈爱走。自从缘分里亮出了这条路，这条路就是推土机械也铲不断的路了，就和她们的生命紧紧地连在一起了。而且总是一边走一边在心里悄悄呼唤：娘啊娘啊，我回来了！

现在，广漠的田野上，村与村之间，大路小路，她们在走。无边麦田的金黄的底色上，她们的脚步编织着一幅最古老又最鲜活的关中农村的风俗画。传统

① 此处以"爹"的严厉和"娘"的温柔，展现出严父慈母性格特征。

② 此处以唱三遍歌谣就厌倦和脚下路走过千百遍仍亲切形成对比，衬托出"婆娘"对娘家情感的难舍之情。

和现实，古风和新意，在她们的身上结合得那么和谐，那么完美。她们望着麦子。她们也是麦子。她们是一株株能思考、有感情、会走动的麦子。她们呼吸着大气，装饰着田野。她们的心里盛满了沉甸甸的可以磨成粉、做成饭，可以营养上下左右的物质。为了感谢阳光雨露的深恩，她们急匆匆地前行。^① 她们心灵的麦芒在前行中颤动着，辐射出最亮丽最动人的色彩。

❶ 表达了作者对婆娘的赞美之意，也蕴含了作者对我们民族传统美德的讴歌之情。

延伸思考

1.说一说为什么"婆娘"们的爹娘对女儿会有截然不同的态度？

_____

_____

2.为什么文中将"婆娘"们比喻为一株株能思考、有感情、会走动的麦子？

_____

_____

压 轿

名师导读 ▶

　　刘成章在这篇文章中以朴实无华的文字和贴近生活的微小故事反映出深刻的内涵。另外文章充分运用了排比、比喻等修辞手法，并通过语言、神态等描写方法，细致刻画出不同环境下的人物的性格特征，结尾处直抒胸臆，表达自己的真情实感，使文章中心思想得到升华。

　　陕北的花轿，现在是早已绝迹了，早已用汽车、拖拉机代替或者根本不要它了；但我小的时候，却常常能见到，常常给我带来无限的乐趣。

❶ 此处以"必有"的排比句式，对陕北花轿做了细致的描写，充满生活趣味。

　　①每当花轿过来，必有吹鼓手领头，咿咿哇哇地吹着；必有迎亲的以至送亲的妇女（称作"硬姑"），穿得花枝招展，骑着牲口，以花轿为中心，走成长长的一串。这支队伍的两侧，也必有娃娃们跟着，跑着，他们有时会不小心被石头绊倒，灰土抹屬地爬起来，

胡乱地拍上两把，跟着又跑。这娃娃们里头，往往就有我。

要是花轿到了娶亲人家的硷畔上，噼噼啪啪地放起炮来，我们就更乐了，没命地抢那落在地上的哑炮。有时可以抢到好几个，还带着捻子，我们就再往地上东瞅西瞅，拣起一个还没熄灭的烟头，顾不上再看花轿，走到一边自个儿放起炮来。

看蒙着红盖头的新媳妇下轿，看拜天地，那自然是更有意思的，我们就使劲儿往人缝里钻。被挤撞了的大人，无论脾气多么不好，此刻也不会骂我们，也会把我们让到前边去。等这一套结婚的礼仪全进行完了，人们入席吃起来，我们又会凑到新媳妇身边，而新媳妇往往又会悄悄地给我们手里塞一块冰糖，于是我们受宠若惊地拿着跑开了。至于新媳妇穿着什么衣裳什么鞋，她的脸蛋是俊还是丑，我们却是不怎么注意的。我们只是为了凑热闹。热闹上这么一天，晚上睡得极香极香，有时候还会笑出声儿来呢。

使我十分高兴的是，有一年，我的一个叔叔也要娶媳妇了。那期间边区刚刚进行了大生产，到处丰衣足食，喜事都操办得非常隆重。我家也不例外。①我记得，几乎是一年以前，家里已忙活开了：打新窑，喂猪，做醋；到了临近婚期的时候，推白面呀，磨荞麦呀，压软米呀……样样项项，真有忙不完的事情。我年纪小，重活干不来，零碎活却总要插上手去。我高兴啊！

喜日，鸡叫二遍，全家人就都起来了，都穿上了

读书笔记

❶ 此处通过对娶媳妇时各种忙活事项进行列举，进一步表达出为了办喜事的忙碌，增强文章的真实性。

① 此处通过人们各自的忙碌状态，衬托出忙活喜事的高兴心情和热闹气氛。

新格崭崭的衣裳。到鸡叫三遍，前来帮忙的亲戚也都陆续进门。① 于是，大家烧火的烧火，切菜的切菜，扫院子的扫院子，家里家外，灯火辉煌，忙成一片。接着，踏着上午暖堂堂的阳光，亲友们，拖儿带女，在相互问好声中，也都上了硷畔。

花轿要出发，人们喊叫着，要我家的一个男娃娃去压轿。所谓压轿，就是坐在去迎亲的轿里，及至到了新媳妇的娘家，才下来，再让新媳妇坐进去。这是陕北的风俗，不能让花轿空着。② 我一听，高兴得简直要疯了，呼踏踏跑过去，就要上轿。谁知管事的大人硬是不让我上，而把我的堂弟推进轿门。我于是躺在地上，打滚搏躏地哭闹起来。

② 一个"疯"字运用夸张的修辞方式，和"呼踏踏"的拟声描写，表达"我"高兴和迫不及待的心情。

他为什么这样？为什么不让我去压轿？

尽管只有六七岁，我却联想着平时听到的一些事情，心里倏地明白了。原来，我不是这个家里的人；我一岁的时候，爸爸便死了，当时妈妈很年轻，过了几年，她后走到此，把我带了过来。平时，一家人对我还好，所以没有什么明显的感觉；而在这种关键时刻，在堂兄弟中，虽然我的年龄最大却不让我去，事实上的不平等表现出来了。想着这些，我委屈透了，躺在地上越哭越厉害，别人拉也拉不起来。

为我历尽艰辛的妈妈，使我至今一想起来都不能不下泪。她当时看着这个场面，一定极度伤心，以至没有勇气走到人们面前来，乖哄我两句。我猜测，那时候妈妈或者在炸糕，或者在洗碗。她的泪水花花的眼睛抬也不敢抬一下。多少年来，每遇到伤心的事情，她总是这样。她不喜欢把自己的辛酸讲给别人，哪怕是自己的亲生儿子。^①那时候，我的每一声哭号，都像在她心上扎了一刀啊！

就在这种情境下，一个邻家姑娘走上前来，双手托起脸上满是泪水泥土的我，跟管事的人力争，要叫我也压轿去。^②她名叫秦娟，比我大十岁，梳着一根长长的单辫子。她父亲是卖瓜子花生的。我常见她每天都起得很早，不是拣蓝炭（煤渣），就是和弟弟一块抬泔水。

秦娟动了感情，高喉咙大嗓子，争得面红耳赤，但终于在众口一词的情况下，没有争得任何胜利，眼看着花轿抬走了。她气鼓鼓的，当着众人的面，忘了姑娘家的娇羞，把搭在胸前的黑黑的辫子往后一甩，对我说：

^③"听话，别哭啦。到了我的那一天，保证叫你来压轿！"

她这句话，引得人们哄堂大笑。她一拧身走了。她没有坐酒席。后来人们打发娃娃三番五次地去请她，她到底没来。

由于这一层原因，我以后见了她，心里便泛溢着一种特别亲切温暖的感情。她也对我格外好，常常从家里拿出瓜子和花生，大把大把地塞到我的衣袋里。有次来到我家，和妈妈一起做针线活儿，她笑得甜甜的，望着我，让我喊她姐姐。^④我心里虽然很乐意，嘴却像生铁疙瘩，叫不出来。她佯装生气了，眼一忽闪，头一扭，不再理我。

❶ 此处运用比喻的修辞手法，将"我"哭号的声音比喻为刀子，生动地形容出妈妈内心的极度痛苦。

❷ 此处以简单的白描，对秦娟作了简单的描述，给予读者初步的印象。

❸ 此处通过对秦娟的语言描写，将她豪放的一面鲜明活泼地刻画出来。

❹ 此处运用比喻的修辞手法，表现出"我"的腼腆和胆怯。

25

这年的冬天，秦娟家搬走了。搬得并不远，还在延安市区；但在我当时想，却好像搬到另一个世界去了，难得再见面了。为这事情，我心里很难受了一阵子。

① 我常想她。特别是遇到不愉快的事情，更想她。

过了两年，一个傍晚，我在外边耍渴了，跑回家去舀了半瓢凉水，咕噜咕噜就是个灌。忽听有人喊我，扭过头来，却是一个脸盘红扑扑的女八路，坐在妈妈身边。看了好半天，我才认出，她竟是秦娟！妈妈告诉我，秦娟到了队伍上的剧团，当演员了。秦娟兴奋地笑着说，马上要办个喜事，叫我去压轿。我问："给谁办喜事呀？"

② "给我！"她响亮地说。

"好！我压！我压！"

妈妈却笑道："别听你秦娟姐姐瞎嚼！"她又对秦娟说："你当的是八路军，可又坐上个轿……"妈妈说着笑起来，笑得前仰后合，用手擦着笑出的眼泪，最后好不容易才又吐出几个字："像个什么！"

秦娟脸上虽然带笑，却非常认真地说，她已决定了，同志们也很支持，一定要这么办。她说，不是为了别的，只是为了让我压一回轿。她还说了些什么，我现在印象很模糊，但中心意思是十分清楚的，就是要让我一颗稚嫩的、受到伤害的心，能够得到平复。

秦娟结婚的时候，我去了。我是下午去的，大概怕影响太大，晚上月亮升上山头，才闹腾起来。

穿着灰军装的人们，这个给我塞一把枣子，那个给我塞两个苹果，然后把我领到花轿跟前。③ 花轿不

左侧批注：

❶ 此处以"我"对秦娟的思念，表达出"我"对她的信赖和依恋。

❷ 此处以秦娟简单明了的回答，充分展现出她言出必行的性格。

❸ 此处对简陋"花轿"的描写，表达出在条件不许可的情况下，秦娟想方设法兑现承诺保护"我"的幼小心灵的真诚。

像老百姓那样的,很简陋,是用两个桌子腿对腿扎成的,
上面缠绕了一些演秧歌用的红绸子。他们嘻嘻哈哈地
把我抱进花轿,又嘻嘻哈哈地抬了起来。花轿前头没
有吹鼓手,只由三个人拉着小提琴。

那晚月光很好,他们抬着花轿,抬着我,沿着山
腰,喧闹着向秦娟住着的山那边走去。没走多远,忽
然有人报告,一个很厉害的首长上山来了。大伙慌了,
赶紧把花轿抬到月光照不到的暗处,悄悄地蹲了下来。

过了好大一阵子,看着首长还没离去,闹不成了,
大伙正准备彻底收拾摊子;却不料又有人前来报告,
说是秦娟亲自找上首长,说明了情况,首长居然笑呵
呵地同意这么办了。于是,寂静的山坡,又喧闹起来。
于是,人们再一次抬起了花轿,抬起了我。

①月光洁白得就像牛奶,而我所乘坐的花轿,红
得就像花;花的红颤悠着,颤悠着,连同提琴之声欢
笑声,连同我的心上的欢愉,浸润开去,于是,牛奶
般的月光粉红了,浅红了,大红了,载着花轿载着我,
流向山的那边……

这情景,以后常常出现在我的梦中。

儿时的我,只像一片小小的树叶,这树叶只碰伤
几乎看不见的一点儿,却被牢记于心,以至终于引起
整坡森林温存关注的颤动——让我压轿。

②这回压轿,虽然不在白天,虽然没有吹鼓手,
但那红红漾漾的热闹劲儿,那重若宝塔山、清似延河
水的情意,那革命圣地的春风般的抚爱,却是我终生
难以忘怀的。

❶ 此处运用比喻、夸张的修辞手法,营造出美丽梦幻的画面,表达出"我"愿望实现的欣喜之情。

❷ 此处以比喻的修辞手法,生动形象,满含深情地表达出作者对八路军深厚的感激之情。

延伸思考

1. 为什么人们不让"我"去压轿?

_____

_____

2. 为什么秦娟执意要让"我"去压轿?

_____

_____

老虎鞋

名师导读 ▶

　　刘成章在写作中善于用托物言志、以小见大的写作手法来衬托故事。除此之外，此篇文章还充分运用了比喻、对比的修辞手法，用"我"的平凡和承载着深厚情感的不平凡的老虎鞋形成鲜明对比，表现出老虎鞋带给作者的精神力量。

　　望不尽似水流年，现在，我已经40多岁了。

　　①但是，我的如同树皮一样粗糙的额头里边，常常闪现着我的一双花蕾般的小脚片子，和那小脚片子上穿的一双老虎鞋。

　　一切，都是母亲讲给我的。

　　②那是1937年春天，像故乡延安的天空掉下一滴普通的雨星，像那山山洼洼冒出一棵寻常的草芽，鸡不叫，狗不咬，我，降生了。我的曾祖父是个泥水匠，祖父是个钉鞋匠，二叔为别人磨面；父亲在当时倒算

❶ 此处运用比喻的修辞手法，将"我"有皱纹的额头形容为树皮，表现出老虎鞋是留存在我脑海深处的久远记忆。

❷ 此处运用比喻的修辞手法，"雨星""草芽"可见"我"是一个平凡的人。

是有点光亮的人物，当个小学校长，很早就暗地参加了革命，也不过是一个普通的穷书生、普通的党的支部书记而已。我，就是降生在这样一个家庭里面。我躺在铺着破沙毡的炕上，像一颗刚从泥土里刨出来的洋芋蛋蛋。

转眼满了 30 天。家虽穷，按照当时的风俗，"满月"却是要过的。爸爸的工作忙，但在爷爷的催促下，还是请了一天假。在师范上学的三叔也回来了。年仅 20 岁的妈妈满怀喜悦，把我抱在怀里，拍着我的光屁股，一阵儿喂奶，一阵儿换尿布。亲不够，疼不够，爱不够。她特意用红纸为我扎了个大红火蛋儿，踮起脚跟，高挂在我仰面望着的上方。这是我眼中的第一颗太阳，妈妈捧给我的太阳。

一家人欢天喜地，锅瓢碰得叮当响，又炖羊肉又炸糕。从我家烟囱冒出去的淡蓝色的青烟，也带着缕缕香气。①阵阵笑声浸泡在明丽的阳光里边。外婆、外公，亲戚四邻，该请的都请了，该来的都来了。他们给我送来不少礼物：小锁锁，小镯镯，槟榔锤锤，花帽帽……他们争着把我从妈妈的奶头上抉过去，搂在怀里，举在面前，喷着舌儿，说着话儿，逗我玩。

②虽然在此刻，在我家的这个小天地里，我简直成了一颗小星星；但是放在延安城，放在整个陕北高原，我倒算个什么！我家虽然热闹，算起来，并没有多少人晓得。

然而，就在这一刻，一位妇女，一位一年多前刚刚给毛主席做过鞋的妇女，风尘仆仆，走进门来，又

❶ 此处运用通感的修辞手法，将原本属于听觉的笑声，用表达触觉的"浸泡"形容出来，展示出阳光普照的环境。

❷ 此处写"我"在家里被众星捧月般的喜爱，但放眼在陕北高原却极为普通，再次表达了自己的平凡。

把她亲手做下的一双老虎鞋，给我穿在小脚片儿上。她还送给我一身红花绿叶的小衣衫。

她是谁呢？

你想想那首有名的"东也山，西也山"的陕北民歌吧！你想想那个被无数老革命都尊称为大嫂的人吧！

她，不是别人，而是刘志丹同志的夫人——同桂荣同志。我父亲曾在永宁山、在志丹伯伯手下工作过，和志丹伯伯、和她，有着亲密的友谊。我家的热炕头上，曾经多次回荡过志丹伯伯的笑语。我过满月的当儿，志丹伯伯牺牲不久，同妈妈忍着巨大的悲痛，伴着窗前黯淡的麻油灯，一针针，一线线，为我赶做了满月礼物。① 她本来有眼病，此刻，一双眼睛熬得布满了血丝，红红的。她抱起我，亲我的小脸蛋，任我把尿水撒在她的衣襟上，给我穿上老虎鞋。这金线银线绣成的老虎鞋，这照亮我幼小生命的老虎鞋！

老虎鞋是一派保安民间风格，像窗花一样的风格，朴实、粗犷、传神。大红为主，配以金黄，间杂黑、白、紫，色彩热烈鲜明。鞋上带着同妈妈的手温，带着革命母亲对下一代的希冀。

② 这老虎鞋穿在我的脚上，一屋婆姨女子全都围拢过来，这个摸摸，那个看看，全都惊羡不已。连正炸糕的姑父也挤进了人群。奶奶急了，忙喊："看你那油爪子！"姑父知道奶奶的脾性，不敢执拗，端来瓦盆忙洗手，洗了一遍又一遍，这样，才争得了摸一摸的权利。他的憨厚神态，逗得大伙儿都笑了。我的穷

❶ 此处对同妈妈的外貌和动作描写，表现出她对"我"由衷的喜爱之情。

❷ 此处以屋子里人们的惊喜羡慕，尤其是姑父的行为，一方面表现出同妈妈的心灵手巧，另一方面表现出大家对同妈妈的尊敬，同时烘托出屋子里的热闹气氛。

家破舍，因为这双老虎鞋，平添了无限喜气。

这老虎鞋穿在我的脚上，一身乳气的我，似乎也感到了，看见了，懂得了，滴溜溜地转着笑亮的小眼珠，咿咿呀呀地说着什么，扑扑腾腾地蹬达着胖腿小胳膊，向妈妈，向爸爸，向普天下，宣告着我的骄傲和幸福。因为这双老虎鞋，我一辈子都感到很满足了。

这老虎鞋穿在我的脚上，虎耳高竖，虎须颤动，虎牙闪光，挟带着永宁山的雄风，播扬着永宁山的正气，仿佛只要长啸一声，就能掀起人们的衣襟。① 我这块只会哭叫的嫩肉疙瘩儿，仿佛立时长大了，威武了；我的一双嫩得像小萝卜一般的小脚片儿，仿佛立时变得能踢能咬了。

这双鞋，饱含着多少深情，给了我多么厚重的祝福啊！

这一刻，我想，不管人们留意没有，延河一定是在歌唱，百鸟一定是在欢舞；历史，应该记下这一笔。自然，这绝不是因为我，而是因为一位不平凡的妇女，因为同妈妈。

② 我自愧没出息，这辈子没有为人民做出多少贡献，无颜去拜见同妈妈。但我对志丹伯伯和同妈妈的心意，却是深挚的。我曾经以自己笨拙的笔，一而再、再而三地写了几首歌颂志丹伯伯的诗，就是为了表达这种心意。

我今天把这件事情写出来，还有一点想法，是为了自勉。我应该时时记起，我的一双脚，是穿过同妈妈亲手做下的老虎鞋的。那是我此生穿的第一双鞋，

❶ 此处运用比喻的修辞手法，展示出老虎鞋的"不一般"，它饱含着同妈妈对"我"的深情和祝福。

❷ 此处作者托物言志，将老虎鞋所承载的老一辈革命人对后辈的殷切期望阐述出来，表明自己勇于革新、积极进取的决心。

山高水长的老虎鞋。我应该在开创四化建设新局面的斗争中，刷新自己的精神，增添一些勇于革新、勇于进取的虎虎生气。

延伸思考

1. 老虎鞋对"我"而言，有什么深刻的意义？

---

2. "我"为什么要把老虎鞋写出来？

我的杨家岭

名师导读 ▶

　　刘成章的这篇文章详细描写了延安风貌,充满了正能量,文中还充分运用了拟人、比喻等修辞手法,以细节和举例把要表达的意思娓娓道来,再以充满总结性的话语表达出自己的观点。

　　本来是陕北高原上一道普通的山谷,东边的山顶上却还有生了苔藓的倒了或站着的石人、石马,述说着历史曾在这儿闪烁过一些什么。就在这道山谷里,一直生息着十多户扛犁牵牛的庄户人,如长了一些随处可见的黄蒿和酸枣。① 在一个大时代的风云际会中,几乎在一夜之间,这儿却齐臻臻地出现了许多伟大人物,如满目耸起了千丈大树,霜皮溜雨,黛色参天,风摇着它们的光影时,整个神州都会感到晦明的变幻。这便是延安杨家岭了。

❶ 此处运用夸张和比喻的修辞手法,写出了杨家岭的不平凡。

作为一个小草似的小学生，在稍后的一些日子，我有幸在这儿生活过好几年。

我和同学们每人扛了两三个课凳，或者两人抬了一张课桌，从刘万家沟的延安二保小出发，汗流浃背地走了近 30 里路，来到杨家岭。一路上我们碰见的人，都好奇地望着我们，不知这些公家娃娃在干什么，也许会联想到蚂蚁搬家。杨家岭当时是延安一保小的驻地。当我们把课凳课桌从肩上放下来的时候，延安一保小、二保小就随之在历史上消失了，两校合并成一个新的学校——延安保小。

我以 12 岁少年的目光环视着杨家岭：被战争破坏成废墟的中央大礼堂，依然十分雄伟；部分损毁了的中央办公厅的造型如飞机的"飞机楼"，也显得气度不凡；山坡上一排长长的石窑洞，整齐而又敞亮。<u>①阳光暖暖地洒了一沟，把石头都照得像上了些釉子</u>。原一保小的同学们热情接下了我们手中的桌凳，放到早已安排好的地方，然后玩耍去了。他们滚铁环、弹珠珠、翻双杠，这些就不用说了，最特别的是"顶拐拐"。<u>②"顶拐拐"不借助任何玩具，只用分开的两手把左腿扳成一个三角状，用成了锐角的左膝盖与同样是此种姿态的同学互顶起来，右腿则支撑着身体，跳动着</u>。

我们第二天就在领袖们当年住过的那一排石窑洞里坐下来了。杨家岭应能感到，这里多了一些孩子圆溜溜的黑眼珠，其上下的睫毛总是在眨眨闪闪。

我太喜欢这里的石窑洞了，它简直是奢侈的教室。我们原来在刘万家沟时的教室都是低矮寒碜的土窑洞。

❶ 此处运用夸张的修辞手法，展示出杨家岭虽然残破，但在"我"眼中依然是美丽的所在。

❷ 此处是对"顶拐拐"的玩法说明，不同地域的人们都有着相似的童年经历，但可能因为风俗习惯的不同在说法上也存在差异，此处细致的玩法说明，可以更快速地唤醒读者的童年回忆，拉近与作者的感情。

学校计划让我们二保小来的五年级，与这儿的五年级合并为一个班，但合并前要检验一下我们的水平。于是老师出了语文题考我们。题目中有邹韬奋文章中的一些成语，比如"颠沛流离""甘之如饴"等，让我们解释。<u>①我们几乎百分之百地如坠十里雾中，抓耳挠腮，回答不出。</u>我们从未学过这类东西。我不由再次注目杨家岭了。我立时感到这儿的文化再不是"东山上点灯西山上明"了，这儿的文化非常深奥。要想在杨家岭得意扬扬地学习并玩着，是需要一种高度的。结果，我们只能被插入四年级。

① 此处运用夸张的修辞手法，表达出我们曾经的学识浅薄和亟待知识雨露的灌溉。

其时，边区时代已然渐行渐远，但它把这浑厚的土地，内含新鲜汁液的梨树和木瓜，以及传统气息，悉数留给我们。我们自己种起了蔬菜。

从杨家岭沟里走出来，再沿着山根向城里的方向走去不远，有一处从石缝中渗出的水源很足的山泉，那儿就是我们班的菜地。我们种了西红柿、黄瓜、茄子和辣子。肥料是从学校的厕所里抬去的茅粪。那茅粪滴滴答答地洒了一路，味道有点臭臭的，而我们走得趔趔趄趄，也显得丑丑的。但臭臭的和丑丑的加起来，未尝不是一首绝妙好诗。由于水足肥饱，我们的菜蔬长得非常可爱。我们总是在那里一边吃着西红柿或黄瓜，一边欢乐地浇水施肥。<u>②我很喜欢看一勺勺茅粪浇到渠水里去，随着水流急急地向菜根们奔去；菜们好像立时唰唰变着颜色，很是动人。</u>收工的时候，我们总要抬了满筐子的菜蔬，送到灶房。

② 此处以拟人的修辞手法，将原本臭臭的茅粪的作用生动形象地表现出来，充满了生命力。

也像边区时代一样，每天早晨和傍晚，我们都要以班为单位集体歌咏。差不多每班都有一两个指挥人才，十分帅气地抡着嫩胳膊，很有几分冼星海当年指挥《黄河大合唱》的样子。除此之外，拉胡琴、弹三弦，吹笛子，蔚然成风。乐器大多是自造的。我就曾从延河边抓了一条花蛇，剥下它的皮张，做了一把音色极好的二胡。每天晚饭之后，艳红的夕照之中，杨家岭的山山峁峁、旮旮旯旯，都有同学们在神气十足地歌唱、演奏。杨家岭简直成了一个音乐谷。

每当元旦或者春节，我们都要去延安市区演秧歌，这也应是边区时代风气和作派的一种延伸。我在秧歌剧中扮演过不少角色。^① 要是秧歌剧曲子不好，我们的教导主任王老师就信手另写出一批，我因之对他肃然起敬。我从此嘴里常哼哼着，很想自己也能哼出一支好听的曲子。

我们的同学有的六七岁，有的已经十六七岁了，多是烈士或有一定资历的干部的子女，也有革命队伍中的伙夫或马夫的子女，这无疑透露出一种平等。那时低班还配有保姆，就住在教室窑背上靠山的土窑洞里，我们高班宿舍在最高的山旮旯里，每天由两个值日生给山上抬去洗脸水和饮用的开水。^② 我们宿舍周围没什么好看的景色，但我们的班主任杜老师是个能人，他把一颗颗吸去蛋清蛋黄的鸡蛋壳涂抹成鲜艳的什么水果，高高悬挂于荆棘枝上，照得我们单调的心灵有光有色。

就是这个杜老师，一次在课堂上讲了叶圣陶的《古代英雄的石像》后说，希望我们的同学们中间将来也

❶ 此处的"信手拈来"表现出以王老师为代表的老师们知识渊博，衬托出杨家岭所蕴藏的深厚文化底蕴。

❷ 此处以杜老师涂抹鸡蛋壳的例子，展示出他的心灵手巧和知识渊博，为"我们"幼小的心灵带来有光有色的启蒙。

能出现一两个作家。后来，杜老师倡导我们班办起了名叫《火星报》的壁报，并不断督催我在壁报上写文章。

那些年，解放战争还在进行中。当解放了拥有大型纺织厂的宝鸡时，上级特别关怀我们这些孩子，在大家都穿劣质粗布衣的情况下，给我们每人发了一身蓝色卡其布制服。我们当然很得意，常常穿着那衣服在街上显摆，总能吸引不少目光。穿脏了的时候，我去杨家岭沟口的延河畔洗，谁知一不小心，衣服竟被激流冲走了。^①我怎会甘心失去它，硬是顺着水流的方向寻找，但没有找到，好多天闷闷不乐。谁知当我完全将它忘却了的时候，杜老师却拿来一件衣服，在我眼前晃了晃。我一看，正是我的呀。杜老师笑眯眯地对我说："衣服肯定是要归你的，但是有个前提条件，你要认真写一篇文章，给《延安报》寄去。"于是，我便写了一篇题名为《我真佩服田双》的文章。不料刚过几天，文章就发出来了，还寄来了一些稿费。这事在学校震动可大了，于是一些同学找上我来，组织了一个通讯组。

延安的夏天有时酷热难当，但是已成废墟的中央大礼堂凉风习习，是练习写作的好去处。^②那儿四壁高如悬崖，空空的顶上是天和云彩；里面没有桌椅，却长了半人高的蒿草，时有麻雀和燕子啼鸣着飞来飞去。我常和通讯组的同学钻进大礼堂，随手搬几块砖坐下，分头写作或是一起讨论。有时蚂蚱还会猛地跳到我们的怀里，仿佛也想说点什么。

那是在草丛之中，诗意之中，浪漫之中。许多草

❶ 此处以"我"寻找衣服的不甘心来表达出自己闷闷不乐的心情，表现出"我"对这件衣服的重视。

❷ 此处对废墟大礼堂的描写，表达出虽然环境艰苦人迹罕至，但我们却能苦中作乐。

是开了花的，有的上面还颤着雾般的蜂翅，愈显得诗意和浪漫。

不久，我们的稿子接二连三地在《延安报》上发表出来了，有报导，有短文，也有诗歌和快板。

其时，那座飞机楼——国宝级的建筑，学校却是用来做灶房的。柴烟、蒸气和香味，常从那儿飘漾而出，游走在杨家岭的角角落落和我的呼吸道中。飞机楼前面的院子，那应该是世界上最著名的院子之一。人们说，在1942年的某一天夜晚，这里曾经高挂过一盏汽灯，出席延安文艺座谈会的作家艺术家们，在灯下聆听过毛主席的总结讲话。而此刻，它既是我们的操场，又是我们的饭场，每次开饭的时候，我们就集聚在这儿用餐：每班蹲作一圈，圈里放着菜桶和筐箩，筐箩里盛的是作为主食的馍馍，或肉卷子，或小米干饭。抬头看天，有时候蓝得虚虚幻幻，有时却有黄风刮过，发出一阵阵哨声，但这些都不能左右我们的食欲。
① 我最喜欢吃的当然是肉卷子了，那是剁成丁丁的猪肉和大葱，用发面卷了上笼蒸出来的。至今想起来，仿佛在回味一个美梦。

有一天我们正蹲在这儿吃饭，霍校长兴冲冲地走来了，让我和通讯组的另一个同学饭后到他的办公室。霍校长的办公室就是毛主席住过的那孔窑洞。霍校长说："你们发表在报上的文章我都看到了，现在，连报社都表扬你们了。好好写！"其实我们已经知道了，《延安报》以编辑部的名义发表短论，号召全地区通讯组向我们学习。随后，他给我们每人发了两支铅笔

❶ 极其简单的肉卷子却成为"我"最喜欢的美味，衬托出所处环境的艰苦，以及物资的来之不易。

和一个硬皮本子。我们能体会到那是一种庄严的奖励。那时候，一切都朴素简洁得让人终生难忘。

越过我们的当年向前看去——许多著名文学家都曾是杨家岭的常客；许多秧歌队都曾在杨家岭闹得热火朝天;《白毛女》的首演地也是杨家岭。杨家岭有着厚重的艺术积淀，那积淀无形中在我当年稚嫩的细胞里蠕动和发散。① 我之后之所以能走上文学创作的道路，一路上长出的棵棵草儿，开出的朵朵花儿，我常想，其中的一些定力、悟性和尚可称得上翠艳的东西，至少有四成是得之于此。

❶ 此处作者以比喻的修辞手法展示出自己文学创作之路的美好，照应文章题目进行总结。

延伸思考

1. "我"和同学们组建通讯组的起因是什么？

_____

_____

2. 杨家岭于"我"而言的意义是什么？

_____

_____

第二辑

朴素人文

先看这个"信"字吧：信马由缰，信步而行，信手拈来，总之，在这里，不管马也好，步也好，手也好，都听凭它们任情任性，随心所欲，无所顾忌地率意而动，而人呢，虚幻得只看见一点儿影子，一点儿神气，好不自在！

【2017 年山东省临沂市中考模拟卷】

阅读下面的文章，完成各题。（14 分）

羊肚子手巾

刘成章

①记忆深处的陕北农民，不论是老汉还是青年，几乎人人都会有一条毛巾。陕北盛产山羊、绵羊，人们常吃羊肉，表面布满绒毛的毛巾就像羊肚子（羊胃），所以我们陕北人都把毛巾称为羊肚子手巾。不过那时候的人们不是拿它洗脸——洗脸用一块破布就行了，而是把它当御寒、遮阳、挡尘的帽子用。

②每当吃了早饭，汉子们去上地的时候，都是顺手从墙上或炕头拿了羊肚子手巾，往头上一扎，然后扛犁，牵牛，甩鞭子，走进一天的辛劳。羊肚子手巾好像一首绝美的小诗，年年月月，点缀着他们的"日出而作"和"日入而息"。

③其实羊肚子手巾也点缀着苍莽的陕北高原。陕北高原少雨少河流，更距大海很远很远，但连绵起伏的山峦就像一望无际的滚滚波涛，而山野间处处晃动的羊肚子手巾，就像片片白帆。若是逢集，

眼前便成了羊肚子手巾的世界，白花花一片地躁动喧嚣。

④羊肚子手巾是有味道的：风的味道，雨的味道，太阳的味道，男子汉的味道，渴望着过好日子的味道，广交朋友和克险犯难的味道。戴着它，即使在大旱之年，人的头上，总是充盈着湿淋淋的雨雾，仿佛近谷谷绿，近豆豆嫩，美得就像一朵朵盛开的牡丹。哦，令人眼馋令人迷醉的羊肚子手巾！

⑤而生来就是光着脑袋的娃娃们，已经八九岁了，十二三了，还是光着脑袋，这时候就往往由不得要向大人的头上瞅瞅，眼神里充满了艳羡之光。大人便笑眯眯地捏一下他的小脸蛋：“娃呀！你才多高！急个甚！好生长吧，一棵草终究要开一朵小白花哩！”当娃娃们确信自己已接近于成为后生的时候，大人们也几乎在同时就默认了这一事实，就把用旧了的羊肚子手巾给儿子郑重地往头上扎去，这时候茫茫环宇的纷繁风景中，一定有树的舞蹈，河的歌唱，这儿就几乎等于在举行着一场极富于文化意味的陕北式的成人礼了。

⑥陕北汉子更多的还是要为生计操劳不息。所以羊肚子手巾还常常浸透着劳作的艰辛。人们总能看到，在锄地的山上或砍柴的崖边，疲惫的汉子们常从头上解下羊肚子手巾，去擦掉脸上膀上滚滚欲落的汗水。拧干了汗水再来擦。寒冬的西北风放肆嘶吼的时候，连泥土都能冻成石头，但它吹到羊肚子手巾上边，经羊肚子手巾一滤，冷便被滤掉大半，那风到脖子，到脚尖，到全身，已几乎没有丁点的冷意了。要是哪天干活时受了伤，羊肚子手巾就又成了包扎带。

⑦我虽然自小生活在陕北的城市，但因为从小学到中学一直是秧歌队的成员，甚至担任过秧歌队的伞头，出演过好多秧歌剧，所以在我的头上，也无数次地被羊肚子手巾艺术过，生动过。每到那种时候，我就感到自己跨入了另一种境界，甚至感到自己就是代表了淳朴勤劳善良。

⑧大概在改革开放之后我回到延安的时候，蓦然发现我的农民乡亲们头上的羊肚子手巾，栖息了二三百年的白鹤，徒留鸣声，一夜之间全都飞得无影无踪了。但后来经过深入探访，却发现那些白鹤并未远离，反而是数量和种类更多了，只是都在人们家中筑了巢，巢在洗脸架上，枕头套上。我同时发现陕北农村有了大鬓角和休闲帽，有了丰富的五颜六色。我对此一方面感到非常高兴，一方面又稍稍有些失落，心情复杂。时代的恢弘大书上，陕北曾经拥有的一页韵味深长的文化图景，是无可挽回地翻过去了。

1.选文题目的作用是什么？（3分）

_____

_____

2.请解读选文第⑤段中画线句子的含义。（3分）

_____

_____

_____

3.说说"羊肚子手巾还常常浸透着劳作的艰辛"，是从哪几个方面表现出来的？（4分）

_____

_____

_____

4.选文表达了作者怎样的情感？（4分）

_____

_____

_____

鞋　垫

名师导读

　　刘成章在写作中善于从小处着眼，将浓厚的个人情感付诸优美的语句之中，本篇文章充分运用了比喻、夸张等修辞手法，全篇都贯注着母亲对自己的爱和自己对母亲的爱，直抒胸臆，毫不扭捏，充满了真性情。

　　我从刚学会走路到迈步在大学的林荫道上，脚上的鞋，悉为母亲一针一线所做。①其间我总共穿破过多少双鞋？回答起来，恐怕比回答一座房顶上到底有多少页瓦还难以说清。只记得母亲似乎常年都在为我纳鞋。母亲纳鞋十分用心，每纳一忽儿总要抬起手来，把针在头发间蹭一蹭。

① 此处运用夸张的修辞手法，写出母亲对"我"的爱十分深厚，难以说清。

❶ 此处以比喻的修辞手法表现出"我"幼时母亲的年轻秀美，同时通过母亲洗头时头发再也装不满脸盆表现出，在时光流逝下母亲日渐衰老。

① 我幼小时母亲长了一头好头发，每当她洗头时，满脸盆里就好像滚动着浓黑的乌云，那乌云直往盆外溢流。可是有一天我忽然发现，就在这一蹭一蹭之中，母亲洗头时头发再也装不满脸盆了。

参加工作之后，我有钱买鞋了，布鞋、皮鞋、胶底鞋，随烂随买，再也不用母亲为我纳鞋了。可是母亲又想起给我纳鞋垫。我是汗脚，袜子常是潮乎乎的，有了鞋垫后，感觉舒服多了。母亲看我喜欢，就不断给我纳了起来。几年下来，尽管她给我纳的鞋垫已经穿不了啦，可她总是不忘每年都要给我纳上好几双。

❷ 此处一方面表现出母亲纳鞋垫的娴熟，一方面表现出她朴实自然的本色之心。

② 她给我纳的鞋垫从来不扎花绣叶，就像她那颗心一样天然，本色，朴素。准备纳鞋垫时，母亲先是翻箱倒柜地搜腾碎布，然后一块块洗净，熨平，紧接着打糨糊，抿袼褙，再以后拿起剪刀，细心地剪成雏形。纳鞋垫时，她仍然是当年给我纳鞋的样子，每纳一忽儿总要抬起手来，把针在头发间蹭一蹭。只是，我心酸地看见她的原本极有光泽的头发，日渐干枯了，灰暗了。

几十年过去，母亲背驼了（后来明白，是因为骨质疏松），并且有了冠心病，身体大不如前，可是我的鞋垫却有增无减，因为母亲过些天还是总要给我纳上一双。我拿出积攒下的鞋垫恳求她："妈！你看这鞋垫还有这么多哩，你快别纳了！"可是她不听，她含笑说："反正我闲着没事。"③ 那时候我已戴上老花镜，可是母亲的眼睛出奇的好，她从来不借助任何眼镜，针脚却纳得横是横竖是竖，整齐、匀称而细密，只是纫

❸ 此处以"我"和母亲的视力作对比，衬托出母亲的手艺得益于她日积月累数十年如一日地为"我"纳鞋垫。

针要别人帮助一下。现在我想，她的那未随年事而有大的减损的好视力，肯定是凭借着一种神奇的精神潜能，而维系下来的。她是力图多呵护我几年。在她眼里，我永远是个孩子啊！

母亲晚年的时候，遭遇了一场极大的不幸，摔了一跤，髋部骨折。根本原因是骨质疏松。那时她所忍受的痛苦，是常人绝对难以想象的。后来虽然做了手术，骨头算是接起来了，但是她从此再也不能行走了。这时，只是这时，她身上终于有了歇下来的部分，那是腿；但是她却加紧了手中的针线活，一双手更加忙碌起来。① 其时她住在我的小家，我的几个儿女们的针线活，全被她包了；但与此同时，给我纳鞋垫的事情，她还总是月月不忘。有那么一些日子，只见她白天纳，晚上纳，在她床头上，几乎每天都有新纳成的鞋垫出现。我劝她劝不下，便想，老人家一生劳碌惯了，让她闲着坐在那里，她也许会不舒服的，遂任她去纳——当时想得就是这么简单，再没有想到别的任何什么。我后来有一天忽而恍然大悟：我好愚钝啊！当时的实情应该是，母亲知道自己来日无多，大限将至，便想争分夺秒地给我尽量多地留下一些鞋垫。② 于是我便想起中唐诗人孟郊的写母爱的千古名句"临行密密缝"。而在我们母子之间，当时临行的并不是我，而是母亲！是的，那时母亲将要走了，将要离开这个世界而一去不归，但她多么淡定而从容！她纳啊纳啊，她仍然保持着过往数十年间的习惯动作，每纳一忽儿总要抬起手来，把针在头发间蹭一蹭，只是，这时候

❶ 此处通过母亲不知疲倦地纳鞋垫，衬托出母亲对"我"的爱永无止境。

❷ 此处引用千古名句，恰到好处地展示出母亲对"我"的爱意，同时也说明母亲大限将至的事实，解读出诗句所包含的另一层意境。

她的头发不但全白了，而且没几根了，就像冬天的残阳照着的昏黄的原野上，一些荒草在西北风里顽强地摇曳。

母亲是 1998 年去世的，到现在，已经有 16 个年头了。现在我也已成了一个迟暮老人了。但我脚底下至今还被母亲给我纳下的鞋垫干爽着，舒适着。① 不但如此，母亲给我留下的鞋垫还有一叠根本没有沾过脚呢，还分别放置在我的衣橱、衣箱、旅行包和其他地方。我找出一些大致数了数，已经有十七八双之多。我现在腿脚有了毛病，走动越来越少，看来，我即使活到 90 岁，100 岁，这鞋垫怕是也穿不完了！

我把这些鞋垫久久地抚在胸前。这些鞋垫都不厚，基本都是一毫米左右。但是我想，由于有这些鞋垫的衬垫，多少年来，我硬是比原本的自己高出了一毫米左右。而这还非常次要；主要的是，由于这些鞋垫上所寄托的伟大母爱，由于我深深明白母亲对我的殷殷期盼，我身上对事业的牛劲、韧劲和钻劲，甚至包括由此激活了的想象力，也应该比原本的自己高出一毫米左右。记不得是谁说过：成败常在毫厘之间。人和人才智的高下基本也在毫厘之间。一念之差，往往酿成云泥之别；一张窗户纸够薄了，然一旦捅破，就可能顿时发现一个惊世奥秘。如果说我这几十年还算取得了一点点的什么成绩，那么，我要说，它绝对是和这一毫米左右分不开的。

现在母亲已经到蓝天白云深处的天堂上去了，但我只要想起她，就会想起她给我纳鞋垫时的辛苦专注

① 此处母亲给"我"留下的鞋垫之多，是对前文"数不清"的照应，表达出母亲对"我"浓厚的爱意。

的样子。她每纳一忽儿总要抬起手来，把针在头发间蹭一蹭。①母亲！你那永恒的千秋不朽的动作上面所闪耀的，是人间的第一至情啊！哦！我亲爱的母亲！

❶ 此处"我"以对母亲的深情告白，展示出"我"对母亲的怀念之情。

延伸思考

1. 为什么母亲要为"我"争分夺秒地纳鞋垫？

_____

_____

2. 为什么"我"要着重对鞋垫的一毫米作阐述？

_____

_____

华阴老腔

名师导读 ▶

那是一种怎样的长吼，在久久地回荡？这一声长吼在刘成章老师的笔下，来得是那样的急促，回荡在天际是那样的长久。文章开头就以先声夺人的艺术手法，紧紧地抓住了读者。快听，我们的耳边是不是也响起了那震撼人心的华阴老腔的长吼？

❶ 文章开头，先声夺人，刺激读者的声音感官，让我们不得不对这声长吼充满疑问。

① 一声长吼回荡在天际。

久久回荡。

你来不及细听也无须听清那长吼源自哪里其中含着些什么字词什么意思，只知道是被一种陌生、一种新鲜、一种苍苍凉凉紧紧地攫住了，并且隐约感到在它的下边，似有沟壑纵横，华山高耸，黄水流，渭水、洛水也在流。

忽然大幕拉开。皱折横亘的黄土高原。高原布景的前面，是一些农家常用的木制条凳。而一帮对襟短打的朴实农民从幕后走出来，手持各种自制乐器，或者拿了大老碗、旱烟袋以及线拐子，各自入座。

那是一双双常摸铣把车辕和粗麻绳的手。

乐器奏响了。一派阳刚之气一阵紧，一阵慢，一阵激浪四溅。那敲锣的虽然只拿着一只锣槌，却同时敲着大锣小锣，手若翻花。当他敲得大汗淋漓的时候，就脱了外衫裸出双膀，只留个两侧开口的白粗布汗褂遮着前胸后背。^① 接着外衫一摔，啐涎掌心搓搓手，就像要去掏粪或去铲土，但不是；他又以槌击锣，让锣声再次汇入雄壮的音乐，音调掀起了美丽的波涛。

这时候，你不能不想起千多年前的《击壤歌》。哦，就是它，在眼前，在这现代化的舞台上，发出了灼人逼人的遗响。^② 原始，朴拙，自然。它是如此奇特如此泾渭分明地有别于种种时尚表演，宛若野性的天籁，让人震撼，让人眼睛为之一亮。

剧场里爆出阵阵热烈的掌声。

再看时，已是白眉白发被称作白毛的老农坐在台前。他手抱六角月琴，弹、唱、说、念，一人为之。那月琴已不知是何年做的，弹了多少遍了，几条紧绷的弦下尽是手指弹下的印痕，印痕连成一片。虽然粗糙而陈旧，但恍惚间，它却像真正的月亮一般，抱在白毛的怀里。啊，不！白毛其实这时候他整个的人就是一轮最美丽的月亮了，闪射着月亮的光，发出月亮的响声，而满台的星星都拱围着他，每件乐器每个声音都跟着他跌宕起伏跟着他闪闪发亮。

其实他这时候也不是月亮般的唱，而是在吼，是

❶ 这里运用动作描写，生动传神地写出了老腔表演者豪放、粗犷、质朴的特点。

❷ 短短的六个字，就道出了华阴老腔的特点，使人一目了然，就是这短短的六个字，敲出了令人震撼的华阴老腔。

由脑后发出的口腔大张的高八度的吼。发达的嗓子发达的野性基因。① 他的吼声高亢、峻拔、激越、苍凉，如一只强悍的鹰，总是盘旋在云际天际，而乐器的相对柔美的伴奏，却如滚在三条河里的流水，铃声丁零，总是贴着地面游走。

那是天和地的壮阔合作。

是的，高天是声水是琴。

那演唱其实是七分说唱，三分舞蹈。他们不时挥臂，呼喊，不时摆动身子。而唱到了情不可抑时，便如风雨的卷来，一起跺起了双脚。

② 天苍苍何其高也，路漫漫何其远也，那是一种人类心魄的高度和广度，而走在这样的路上，他们的脚下踩出了多么宏放的音响咚咚咚咚！

接着，月琴又抱在嗓音稍有嘶哑却又震慑人心的张喜民的手中。他留着分头的头发，仿佛总是被催动着汉时漕运风帆的风儿呼撩撩吹起，一看就是个精明能干的农民。老腔原本是他家世代传下来的家族戏。他弹唱得从容而又自信。

他的周围，一派关中普通村庄里的日常图景：吃饭的吃饭，抽烟的抽烟，拐线的拐线，奏乐的奏乐，唱的唱。

他吼得万籁俱寂。他的吼声里有历史和黄土的颗粒："太上老君犁了地，豁出条渠豁成黄河。""一声军令震山川，人披衣甲马上鞍。""太阳圆月亮弯都在天上，男人笑女人哭都在炕上。"没有任何包装，没有任何雕饰，只是生命的本真生命的赤裸裸的自然呈现，却散

❶ 这里运用比喻的修辞手法，生动形象地写出了老腔唱腔的激越与乐器声音的柔美。

❷ 这一部分是描写群体画像，而且写得很传神。他们的脚下踩的是厚重的黄土，他们是朴实无华的农民；他们的脚下踩得是艺术的舞台，放下锄头他们就是华阴老腔的艺术传人。

发着醉倒人的艺术魅力。神话传说，英雄故事，挫折牺牲，男欢女爱；浪漫的和现实的，快意的和悲壮的，粗砺的和绵软的，都在他的演唱里闪着异彩，成为对一个民族文明史的艺术追忆。一辈辈祖先的可亲影子，就在那追忆中闪闪烁烁。

也唱苦难也唱悲凉，凄切苦音在女声中撕裂着人们的心肺。但是正是这样的唱，千百年来，又总是激发出男子汉独对八荒永不退缩永不绝望的豪迈气概。

舞榭歌台。金戈铁马。三国周郎赤壁。"催开青鬃马，豪杰敢当先！" ① 喇叭高奏状出战马的长嘶，而歌声不止。到了激昂处，一人唱，满台吼，马鸣风啸，刀光剑影，时或四顾茫然。但是谁说雪拥蓝关马不前？看一个干瘦老汉冲出来了，他手里拿着长凳和木块，敲敲打打，忽而将条凳放平敲，忽而斜扶着条凳敲，不断变换着姿态敲，接着进一步高高抡起握着木块的手臂，用了全身的力气，啪啪啪啪，将条凳敲打成英雄史诗大奇大美。同时歌声更酣，乐手们一齐帮腔。胸前狮子扣，哈！腰中挎龙泉，哈！好男儿，哪一个不敢冒险犯难！哈！啪啪！

② 啊，多么带劲、多么震撼心灵的华阴老腔！

你不能不在心窝里发出阵阵回响。

那其实是山河的宏大律动。

它对于那些灯红酒绿下的阴盛阳衰或不男不女的浮靡灵肉，也许是一种提醒和救赎。

③ 望台上。

干瘦老汉在敲打一阵之后，依然像平日劳动那

❶ 此处描写了华阴老腔说唱的内容十分广泛，演唱声势非常浩大。

❷ 作者再一次对华阴老腔进行赞美，"带劲""震撼"抒发了作者强烈的情感。

❸ 三个字独为一段，具有承上启下的作用，引出了下文台上的精彩场面，激发了读者的兴趣。

53

样，啐涎掌心搓搓手，重新开始，掀起新的高潮。他敲打得那么认真，好像要从条凳中敲打出一个什么秘密来。

像节日的焰火灿烂着天地，像声声炸雷翻滚在山坡，回看张喜民，他演唱得何其精彩！演唱到每节结尾的时候，众声一齐掺和进来，而张喜民那常常高扬在云天里的吼声，早在人们不注意间，了无痕迹地款款落下，与伴奏与众声浑为一体唱成了拖腔，其声一改先前的豪放之气，已然变得出奇的婉约细柔，有如一条放生于水中的细长黄鳝，情意绵绵明澈透亮地左游右游，拐了好几道弯儿，让你舒服得受活得心尖儿都在打战。而就是在这时候，却又有长板凳和喇叭的猝然切入，猛敲狂奏，并且众声齐吼，众脚齐跺，音乐则上下大跳。这一切都抽扯着你撞击着你爽意着你，使你觉得自己快要消融、快要粉身碎骨了！

❶ 这一段是这篇文章的高超之笔，也是华阴老腔的最震撼人心的地方。这是众星捧月的映衬写法。台下观众强烈的震撼和共鸣，观众按捺不住地手舞足蹈，这是对华阴老腔的认可，这种写法映衬出华阴老腔演出之精彩。

① 而啐涎掌心搓搓手，众乐手依然不依不饶，光华追逼，高潮迭起，只见张喜民手中的月琴漫天挥扫，并且又掺和上一些人的拍手和吹口哨，满台子无人不动，无头不动，无臂不动，无腿不动，无颜不动，无声不动，动成生命的万类蓬勃，凤舞龙吟，长城内外战马奔腾，大河上下箭镞翻飞，交错碰撞又淋淋漓漓，而每个演出者都是一个炸药包了，让人怯于正眼直视，因为你只要稍稍扫一眼他们就会爆炸，但是还是爆炸爆炸爆炸爆炸爆炸，冲击波冲向四面八方，那磅礴的气势排山倒海的力量，一霎时，有如从宇宙间的一个什么地方卷来一股威力无比的百万级飓风，把整个世

界都给抬起来了！啊，这华阴老腔！

忽然疾捂钹弦。演出戛然而止。这时候，观众们才从天翻地覆中清醒过来，多么兴奋！都转过脸去互相兴奋难捺地看看，赞叹不已，然后，又齐刷刷地把目光再次投到台上。

① 那是一群经历了无数沧桑的拉船人的后代。那是一群惯于吞咽油泼辣子彪彪面的汉子。那是一群民间古老艺术的传承者。他们所展现出的生命力是那么绚烂和昂扬！

与其说他们愉悦了观众的精神，毋宁说他们是给当今这浮躁世界浮躁生活，送来一股返璞归真的清新之风。

这样想时，却见演唱者一齐走到台边。

就像刚刚割麦回来，手执乐器的他们，那些老农、中年汉子和婆娘小伙，一个个额头汗珠晶莹。他们向观众们频频致意。

掌声如三水汇合，澎湃不息。

② 为了答谢观众，又是一声长长的呐喊，雄豪，苍劲，悲凉。

那声音，仿佛从秦从汉一直呐喊到今天。

❶ 此处采用排比的修辞手法，生动形象地描写了华阴老腔表演者的形形色色，表现了他们用老腔唱出了强悍的生命力。

❷ 这与文章的开头"一声长吼回荡在天际。久久回荡。"遥相呼应，结构严谨，深化主题。突出了华阴老腔久远的流传，它能穿越历史的时空，长吼不息。

1. 作者是从哪些方面表现华阴老腔"震撼心灵"的?

_____

_____

2. 第八自然段在文章中有什么作用?

_____

_____

3. "万籁俱寂"是什么意思?用在文中有什么好处?

_____

_____

雪中婚宴

名师导读 ▶

　　刘成章笔下的《雪中婚宴》给人一种别样的风景。酒席摆在露天院子里，雪花纷纷融入"热腾腾的菜肴"，人们"乐滋滋"地喝酒猜拳，既质朴又热闹。文章采用一系列的对比手法，描写了大雪纷飞中人们庆祝新人结婚的情景，别有一番滋味，让我们快去体味一番吧！

　　雄阔的陕北高原。纷纷扬扬的大片子雪花，从灰蒙蒙的天空倾倒下来，到处一片洁白。山呀，塬呀，梁呀，沟呀，河呀，路呀，村庄呀，这一切都难以分清，一切都失去了平日里显著的界线。<u>①整个世界仿佛都结冻了，没有了一点儿活气。可是，在一户正在办喜事的人家的院子里，人们围着一桌一桌的酒菜，正在动着筷子，正在宴饮。</u>雪就像给简陋的餐桌上铺了一块块洁白的桌布。那场面别致极了，所有人的头上都落

①此处景观形成对比，以首段大雪仿佛把"整个世界"冻结成"没有了一点儿活气"的自然之景与院子里人们"正在动着筷子，正在宴饮"的人文之景对比，突出了雪中婚宴场面的喜庆和热闹。

上了雪，他们的黑发就像浓白大雾中露出的一些模糊的林梢，只有白发老者的头上看不见雪的踪影；人们的蓝的、黑的、花的棉袄，也都被白雪逐步吞没，而原先的颜色，只留下苟延残喘的一丁点儿了。有的人戴上了连衣帽；有的人把大棉袄顶在头上；还有人却被特殊照顾着，主人找来两三把伞让其打着，不用问，那伞下定是些年轻婆姨，其原因盖在于她们怀里还抱着乳毛未褪的吃奶娃娃。

院子边横着的一根圆木，变得又白又胖。

① 虽然刚端上来的菜肴顷刻就变得冰凉了，虽然伸出的筷子上都落上了雪花，但是，正在宴饮的人们，没有一个人紧缩脖子，因为他们骨头里在往常的岁月磨砺中储满了的生命烈焰，此刻正好散发于周身，仿佛周身正需要借此降降温的。

人们乐滋滋地大声猜拳了。还有人唱起了酒曲。

但主人还是满怀歉意的。他走上前来说：② "唉，天气预报不准确，这雪又来得太突然了，没来得及出去借帐篷布，抱歉抱歉！"

众人一哇声地说："没甚！没甚！其实天冷能让咱多喝上几盅，好事一桩！"

记忆中，陕北的各种较大的筵席，都是在院子摆开阵仗的——谁家能有那么多那么大的窑洞啊！近些年生活好了，不少人纷纷改在饭店举行各种饮宴，那当然显得高档了，优雅了，但是，我却还是乐见这几千年流传下来的陕北露天饮宴，特别是这我此生头一遭碰上的雪中婚宴，它是正史野史中都不曾记载过的

❶ 菜肴顷刻变冰凉、筷子马上落满雪花等与客人们依旧饮酒猜拳形式对比，展示了人们的兴奋和快乐。

❷ 主人"满怀歉意"的解释与客人齐口同声的"没甚！没甚！"，体现了陕北人淳朴、豪爽、大气等性格特点。

故事，它对我的震撼太强烈了，我太喜欢它了。它所展示出来的人与大自然的完美融合，人的精神世界的旷世璀璨，足以让我沉醉三年！

襁褓里的婴儿尽管有雨伞遮挡着，但是他稚嫩的小脸蛋上，还是落上雪花了。

也许有人会说：这里的条件实在是太差了！

①是的，在陕北这块苍凉的土地上，总是有太多的不如意、不安逸、不舒适的事情，然而，正是这些事情，②比如这婚宴中撒在人们头上的纷纷落雪，其实它们每一片都像一把明晃晃的雕刀，它们是在雕琢着强健的灵魂。"艰难困苦，玉汝于成"。我想，这襁褓里的几个婴儿，绝不是绽放于温室的花朵，长大后只要能受到较好的教育，必会不同凡响！

想想吧，曾经有多少柔弱的青年从全国各地来到这儿，最终炼成了钢铁战士！

我深爱着我的这片故土。

望着面前的粗犷质朴的雪中婚宴，我国古代诗家的无数对于雪的精彩形容，注满我的心头。③于是，我看见，千朵万朵的梨花，装饰着这一婚宴（梨花有着新娘不敢奢望的婚纱的清纯之色）；千颗万颗的盐粒，正在供婚宴的厨子们煎、炒、炸、烩（好厨子一把盐哈）；千只万只的白蝴蝶，欢舞着，旋转着，飞来，飞来，落在婚宴上每一个诗情盎然的温热的地方（谁不喜欢这喜庆的精灵）。

一碟一碟的热腾腾的菜肴，不断地放上桌来，而就在这一放之间，已有数不尽的雪花融入其内，给这

① 联想拓展，由眼前的雪中婚宴联想到"这块苍凉的土地上"的许多事情，拓展了文章意境，丰富了表现内容。

② 借景抒情，由婚宴中"纷纷落雪"之景的触动，抒发了对拥有"强健的灵魂"的陕北人民的赞美之情。并揭示意蕴，以"一把明晃晃的雕刀"比喻雪花，揭示了类似雪花的"艰难困苦"，能够"玉汝于成"的深刻哲理。

③ 这里采用排比、比喻、拟人的修辞手法，生动形象地描写了雪中婚宴的场景。雪花纷飞，这里为雪花注入了温情与灵魂，令人心中雀跃。

些菜肴增添了几分大自然的香醇。而人们的筷子夹起的，应是这天地间的精气，应是辈辈祖先们遗传下来的勇于吃大苦耐大劳、勇于战胜艰难险阻犹如左近的壶口瀑布一样永在沸腾的奋斗精神！

①这精神，与柔弱无缘，与萎靡无缘，与颓丧和消沉无缘。

我猛然想起了中唐诗人卢纶的《塞下曲》，便向着大伙朗吟道："欲将丸子夹，大雪满碗筷。"引起一片笑声。

凌空降落的雪花是水在做着最浪漫的游戏吧，它飘飘游游地从天上落下来，一接近院落就被沾上了红烧肉和炸油糕的浓香，而它又带着这浓香把每个宾客都塑成了雪人，而众宾客，又以浓香的银白，与雪的院子、雪的村落、雪的山野融为一体。世界上往日纷纭繁杂的色彩，似乎只剩下单一的白色了。

陡然间，像有一团火燃烧在人们的眼前了。啊，好红好美的火焰！那是穿了一身红的花容月貌的新媳妇哟，这火焰。她浅浅地笑着，两腮都漾动着一个美丽的酒窝。雪落在她的眉睫上和酒窝里。她和新女婿一起，迎着飘扬的雪花，红红的火焰一般，前来给宾客敬酒了。白的背景下，妍红的妖媚的火焰烧过来，一桌桌烧，挨个儿烧，柔柔的手儿端着酒杯，敬你一杯，敬我一杯，敬他一杯，这火焰，好红的火焰，在白的背景中款款而烧来，携着喜庆的暖暖温度。②这时候，满世界只剩下红与白了。红与白的强烈对比，给了人们多么巨大而隽永的审美愉悦啊！

❶ 这里运用对比的修辞手法，把"勇于吃大苦耐大劳、勇于战胜艰难险阻"等奔腾昂扬的奋斗精神与"柔弱""萎靡""颓丧""消沉"等精神状态对比，彰显了陕北人民勇敢、顽强、坚毅的气概。

❷ 文章的最后以红白的对比结尾，白即是雪，婚宴从开篇到结尾，都处于"雪中"这一场景，"雪"贯穿于全篇，从"雪花"纷扬到天地一色；"红"即是新娘的红色礼服，如燃烧的火焰，给这世界带来了无限的活力，两者形成鲜明的对比，令人震撼，又令人沉醉。

延伸思考

1. 作者为什么特别喜欢雪中婚宴？

_____

_____

2. 文章多处运用了对比的修辞手法，说一说这样写的好处。

_____

_____

3. 文章是怎么以"雪中婚宴"来表现主题的？结合内容，谈谈你的理解。

_____

_____

鸡鸣在耳

名师导读

　　"闻鸡起舞"的典故妇孺皆知，刘成章笔下的《鸡鸣在耳》与其有异曲同工之妙，文章纵观古今，把鸡鸣的含义完美地诠释了出来，并采用排比等修辞手法，节奏鲜明地抒发了作者对《诗经》赋予中华民族的诗意之美、音乐之美、精神之美的赞美，感情抒发酣畅淋漓，增强了文章的表达效果和气势，引起了读者的共鸣。

❶ 这里提到《安塞腰鼓》中结尾的一句话，强调了这句话在文章中的作用，同样在这篇文章的开头也点明了题目，激发了读者的兴趣，引出了下文。

　　难忘的改革开放初年，难忘的1986年。国庆刚过，我在《人民日报》副刊上发表了散文《安塞腰鼓》。也许缘于沾了国庆节的喜气，它接连被收入各种散文选本，几十年里，陆续有十多种语文课本选了它。❶许多人对结尾的那句"耳畔是一声渺远的鸡啼"情有独钟。其实我在写这句话的时候，几乎未经思考，是信手拈来。

后来的某年清明节，我有幸在我们陕西参加了公祭轩辕黄帝的大典。场面庄严肃穆，来人众多。山上有历经五千年风霜雨雪而依然英姿勃发的黄帝手植柏，而群柏万棵，翁郁满山，就像眼前这风尘仆仆从海内海外赶来的无数亲爱的男女同胞。他们有的是第一次踏上祖国的土地，然而都对轩辕无比敬仰。爱父母之邦，爱祖国，完全是天然的感情。身上流着炎黄血液的我们，即使到了火星上，情感仍会和华夏的这片土地纠缠。① 这片土地上的山脉、河流、草原、田野、笑声、眼泪、李白的诗、马致远的词、张岱那舟中人几粒、齐白石笔下的蛙，无一不在游子们心上最柔软的地方产生共鸣。

一位白发的加拿大籍同胞姓蒲，我们正在攀谈，不远的山上传来一声长长的鸡鸣。蒲先生听了，眼睛里立即放射出异乎寻常的光彩，钻石似的。② 他兴奋地说："好温暖啊，咱们中国这鸡叫声！"他说，在他久居的温哥华，夜晚总是静得瘆人，有一天到了美国的一个小镇，天明时忽然听到了鸡叫，尽管那是地道的洋鸡，但他就觉得是听见了湖南老家的鸡叫，亲切、舒坦，心中仿佛出现了夜晚璀璨的灯光和雨后绚丽的彩虹。③ 这真如诗人流沙河的诗句："中国人有中国人的心态，中国人有中国人的耳朵。"我说，东晋有云："闻鸡起舞。"蒲先生说，关于鸡，明代也有云："立马先听第一声。"那一刻，我便联想到《安塞腰鼓》中最后的那句话了。原来。那鸡啼中含蕴的美好、象征着希望的信念，是先人们代代播撒的种子，是一直深藏于我的潜意识中的。

❶ 描写了历代的文人墨客，无一不眷恋着这片古老的土地，他们身上流的是炎黄子孙的血液，对这片土地充满着感情。

❷ 采用对比的修辞手法，描写了蒲先生虽身在外国，却对祖国鸡啼有着独有的感情，体现了他深深的家园之情。

❸ 这里引用诗句，体现了人们对祖国的一树一木，一丝一物，都具有深厚的感情，体现了人们深深的爱国情感。

黄帝陵前的台阶一共是95级，我们把它看作五千余年的中华文明史，每登一阶，就计算我们应是到了哪个朝代。蒲先生说，咱们文字中记载的鸡和鸡鸣，好像最早出现在《诗经》中。我说是的是的。踏到第39级台阶的时候，我们粗算，正是到了先秦左右。"这应该就是吟唱出《诗经》的地方。"我说，"尽管违背《毛诗序》的诠释，我一直愿意将'风雨如晦，鸡鸣不已'理解为在艰难困苦中，总有希望存在。"

① 运用了排比的修辞手法，寓指中华民族阔步向上，一步步走向光明，走向希望，走向繁盛。同时连用三个"的台阶"，使文章节奏鲜明，简洁有力，增强文章的表达效果和气势，很有感染力。

在我的心里，《诗经》在此，我们中华民族的第一部诗歌总集在此，在这第39级台阶上。台阶上有如晦的风雨，也有啼叫不已、激越嘹亮的鸡鸣。中华民族从远古一路走来，经历了深重的灾难，然而不已的鸡鸣昭示，我们总会迎来天明，总会重新站起来，阔步向前。① 这是多么诗意的台阶，音乐的台阶，美的台阶。我们低着头，久久咀嚼品味。

② 此句意在表达那鸡啼中涵蕴的美好的信念，是一直深藏于炎黄子孙们的潜意识中，已深深植入我们的骨髓。

此后，每当我再想起《安塞腰鼓》结尾那一句的时候，我似乎就看到了伟大的轩辕。② 轩辕在上，那鸡啼声是轩辕的神谴之句。《安塞腰鼓》，我只是幸运的代笔人罢了。它反映的是我们这片多灾多难的土地的意志，是我们这个改革开放的灿烂时代的意志。它是袅袅上升的一种山河情绪，一片情绪和意识交融的云。我一直期冀它能是上升到我们辽阔的民族精神云层的一片云，期冀它能和整个云层变作朝霞，润红苍白，化成雨滴，丰盈干瘪，期冀伴着那隆隆鼓声和黄帝陵前悠长的鸡鸣，人们一起向着明天意气风发地走去，脚步铿锵。

延伸思考

1. 这篇文章所要表达的情感是什么?

_____

_____

2. 从修辞的角度赏析句子"这是多么诗意的台阶,音乐的台阶,美的台阶"。

_____

_____

3. 结合全文内容,说一说"鸡鸣"在文中的具体含义。

_____

_____

庚子的云彩

名师导读▶

　　每到晴朗的黄昏，天边都会有一片片云彩，刘成章却独独写了庚子年的云彩,因为庚子年的云彩给作者极深的印象，令人轻松愉悦。文章采用多种描写云彩的方法，诠释了庚子的所包含的深刻含义，让我们也去饱览一下庚子的云彩的风姿吧！

❶ 文章开篇采用对比的修辞手法，描写了庚子的云彩给作者的印象——令人轻松愉悦，给人印象深刻，激发了读者兴趣，引出了下文。

　　翻江倒海的庚子年，已经进入尾声了。①回顾这一年，需要记住的事情有如恒河沙数，多得让人头晕。但其中，庚子的云彩，是令人轻松愉悦的天象，给我的印象极深，极深。

　　记得有一天，我看见一堆雪。一堆温热的雪，一堆长着尾巴、呼吸着的雪，入我眼帘。那是一只雪一样的白猫。它肢体洁白，脑袋也洁白；它粉红的鼻子两侧，白胡子的底下，有些黑点，仿佛不多的黑芝麻撒在那里。这白精灵一样的猫儿，却在仰望着别处。它的眼圈很黑很黑，眼球有如蓝宝石，流光旋转。<u>①顺着它的目光看过去，不是树，不是层楼，而是云彩。哦，猫儿也发现了云彩的奇异！</u>

　　就在这之前，我也看了好半天云彩。它们的背景应是瑶池之水，清澈透明，而它们，一朵一朵，都像这猫儿繁衍下的精灵，被人抱到天上了。湛蓝之中，一堆一堆的雪，一团一团的蓬松，一掬一掬的白。平时总觉得白就是白，而今天这白，却打破了我的认知，它层次感十足，色相多元，似有极白，深白，乳白，月白，葱白，等等，其内涵的丰富，令人吃惊。<u>②这白，是最雅的音，最醇的味，是太空培育出的白玉兰花，开得奔放，痛快，朵大瓣厚，无拘无束。</u>它的美所透出的，是明明白白的意味，清清楚楚的意味，斩钉截铁的意味。含糊与它无缘。含混其词与它无缘。模棱两可与它无缘。

　　这云彩的美，美入骨髓里了。它的浓淡、厚薄、高低、错落、间隔、明暗，它所构成的光影和色彩，它所涌动的韵律和节奏，无不爽快着人的灵魂。它不同于我们司空见惯之物，它像是草原上的云彩，它像腾格尔嗓子里飘出的歌，高旷、明亮、舒展、饱满、飘逸。它美得让人兴奋、感动、喜悦，无法言说。

　　今年这样的奇异云彩，有如异乎寻常的奇葩，开在我们头顶的蓝土上，引人瞩目。它和北京往年的云彩，大相径庭。它给人的是一种完全陌生的新异感觉。它具有非常强烈的视觉冲击力。

❶ 作者采用独特的方式——一只猫的视角，引出了文章的主题——云彩，令人眼前一亮。

❷ 这句是将静态描写化为动态描写，运用拟人的修辞手法，将庚子的云彩描绘出来，有动态美。

人的审美心理总是喜新喜异喜变。这庚子的云彩，正好满足了人的审美需求。①它一天一个样子，一天一种美，一天一个新颖别致。而在一早一晚，它总把自己酿成了霞，酿成了霞的美酒；别说喝，看一眼就能醉倒人。我从来没有经见过这样的事情。恐怕活上二百年都很难看到。云彩们好像是在举行一次世纪盛典，都把最美的服装穿出来了。或者，它们都是考取了美术学院，把各种颜料都买回来了，油画的颜料，国画的颜料，水彩画的颜料，还有丙烯颜料。它们最爱泼墨泼彩，泼出了花会，焰火，绫罗绸缎。也泼出了大漠明驼，南海渔船，小青马，石狮子，腾跃翻飞的龙，以及种种物事。那天，我倚窗拍了一张红霞照，红霞里是一幅乡村图景，其中有山，有水，有小桥，桥上还有一头摆尾的牛，而这一切的周身，都有霞光浮漾。

有时候，云有好多层，让人意识到何谓九重天，也让人看到了云的深邃。②就在那时，忽然，太阳的射线穿透一层层的云，一条条金子的箭矢，携着贝多芬的第九交响曲，飞泻而下，大地一片辉煌。那情景，辽阔得让人想喊，想跳，想飞翔起来。

我看到有人拍下一张照片，背景是绵绵的鳞状云，云前是古牌楼。古牌楼和云，是最佳组合。柔和刚，虚与实，茫茫自然，悠悠岁月，和谐优美，带给人的是庄严、静好与祥和的境界。

街路上，晚高峰时，那涌流的千万双眼睛，往往会一齐被奇异的夕照点燃，人们便会喊出一个声音：

① 描写了庚子的云彩多姿多彩的特点，每天不同，每时不同。不论什么时候的姿态都能让人陶醉，体现了作者对庚子云彩的喜爱之情。

② 描写了太阳光穿过云层是为了展示云彩的独特之美，并通过"那情景，辽阔得让人想喊，想跳，想飞翔起来"抒发作者内心的激动以及对云彩的喜爱之情。

美酷了！美炸了！这是这些天的云彩下，常常听到的一声赞叹。① 赞叹着的人们，都以手机为镰，收割这美。他们欢欣认真，只想颗粒归仓。他们也都成了鉴宝识宝的收藏家，他们所收藏的，不是古玩，不是名家字画，而是今年的云彩。八年十年之后，这些云彩恐怕都会成了宝贝。

今年，也不乏灰云乌云，但它们也不同于既往，也显出一种独特的美。有时乌云摞着乌云，推着乌云，云面窟窿凹凸，跌宕如涛，充满着力的震撼。那是因为它负载着过量的水分；雨，说下就下。雨后的京城，是一种水溶溶的美，诗意的美，半城琉璃，半城明镜。② 古箭楼有幸第一次看到了自己的容颜，可以对镜梳妆。而其实，古箭楼从不梳妆，它是威武的男人，一身阳刚之气。转眼间，它竟扛着云朵，跳入明镜。这下可乐坏了摄影家，他们蜂拥而来，一片大枪小炮。镜头里，上是奇幻的云，下是对称的云的奇幻，古箭楼位于对称轴上。要是说得诗意些，是古箭楼腾空而起，矗立在彩云里边，有如琼楼玉宇，何其梦幻。

③ 比起庚子年的疫情肆虐，天灾连连，强权霸凌，世情纷杂，庚子年的云彩却是十分美好的。

它风姿绰约，顺情遂意，赏心悦目，带来了一场又一场的心灵洗礼，审美的愉悦。这也许是验证了我们祖先的阴阳互根的学说。上苍如果关了一扇门，它又会同时打开一扇窗。宋代画家郭熙说，云彩是山水画的神采。它当然也是我们万里山河的神采。④ 它精

① 运用比喻的修辞手法将庚子云彩之美比作等待收割之谷物，将手机拍照比作镰刀收割谷物，形象生动地写出了庚子云彩的美是可以贮存、收集起来了的，是具体可感的，将人们见到云彩时的欣喜与珍视之情表现得淋漓尽致。

② 描写了雨后京城古箭楼倒映在雨水中的妖娆样子，但古箭楼又不失一种威武和阳刚之气，表现了古箭楼多样的美感。

③ 在庚子年这样一个特殊的年份里，云彩给我们带来美的享受，抚慰着人们的心灵。

④ 描写了庚子云彩的精神、气质和活力，象征了中国山河的精神气质。

69

神饱满，容光焕发，气宇轩昂，使人兴奋，令万物增添着生机与活力；连被寒霜打过的小草，也都挺直了枝杆，一派蓬勃向上之姿。

庚子的云彩，不落俗套，摆脱了程式化，让人耳目一新。它是最有才气、最有想象力的艺术家，它进行着出色的艺术创造。它把许多艺术手法，诸如变形、夸张、比喻、通感等，都运用得游刃有余。它变习见为新异，变陈旧为神奇，一扫人们的视觉疲劳，开阔了人们的襟怀气度。

①在我们祖先的审美世界里，云彩一直是不可或缺的元素，它已成了我们的文化基因。从陶罐、瓦当，青铜器、画像石，一直到奥运火炬，都有云纹或祥云的纹饰。展开历代山水画，不论是石涛笔意，还是八大山人的墨韵，以及米氏父子的山水，总是满眼的云烟雾气。而在历代诗词里，云彩更是氤氲连绵，层出不穷：坐看云起。霭霭停云。云横秦岭。乘彼白云。气蒸云梦泽。荡胸生层云。云青青兮欲雨，水澹澹兮生烟。云，在一座座诗词的峰峦间，低吟浅唱，飞翔游走，百转千回。而在现代，不少文学名家，笔下常带杏雨梨云。徐志摩诗云："我轻轻地挥一挥手，不带走一片云彩。"公刘诗云："我打开窗子，一朵白云飞进来。"贺敬之诗云："身长翅膀吧脚生云，再回延安看母亲。"汪曾祺诗云："我从泰山归，携归一片云。开匣忽相视，化作雨霖霖。"洛夫诗云：那是一朵"美了整个下午的云。"他们的诗，给现代的中国文学，注入了空灵、有神、通透、浪漫的气息。而余光中，更

❶ 这句话从内容上，凸显"云彩"在中国文化史上的重要地位，表明云彩是中国文化基因的一部分；在结构上承上启下，承接前文对现实中云彩景色的描写，引出后文庚子云彩与中国风景、中国神采的独特关系。

是以云彩概括中国的文化气质。他认为，只有"云缭烟绕，山隐水迢"的风景，才是中国风景。

当我们仰望庚子云的时候，就是欣赏着中国风景，就是望着中国的神采，就是向它致以注目礼。① 它丰盈着我们的神经，强健着我们的意志，催生着含云带雨的不凋的花。

❶ 作者采用排比的修辞手法，以简洁明快的节奏，生动形象地描写了庚子云带给我们的愉悦感受，体现了作者对庚子云彩的喜爱之情。

延伸思考

1. 庚子的云彩有何独特之处？

_____

2. 为什么说庚子云彩的精神、气质和活力象征了中国山河的精神气质？

_____

3. 为什么说云彩是我国文化基因的一部分？

_____

信天游

名师导读

　　"信天游"是陕北地区最具特色、最具代表性的一种民间音乐，具有深厚、苍凉、豪迈、悠长，回肠荡气、馥郁芬芳、极具感染力的特点。信天游集中并精确地体现了具有典型的地域特征的、个性鲜明的高原文化。

❶ 文章开篇采用抒情的笔调，明确了本文介绍的对象——信天游，强调了其艺术特点"奇美浪漫"，确定了本文的情感基调。

　　①信天游这个名字，如明月流水，如仙界的风，即使把它放到全世界数千年来所有的艺术品类之中，它也绝对是最奇美、最浪漫的一个。先看这个"信"字吧：信马由缰、信步而行、信手拈来，总之，在这里，不管马也好、步也好，手也好，都听凭它们任情、任性，随心所欲，无所顾忌地率意而动，而人呢，虚幻得只看见一点儿影子，一点儿神气，好不自在！那么再看"天"字吧：天空、天然、天性，它的含义好巨硕、好空阔，既具象又虚幻是那样的深邃无边。而最后要说的这个"游"字，它所表现出来的情境自然不是静

止凝固，而是游走、游荡，如天上的云，如流动的河，如云里的鹞子河里的鱼。于是那人的洒脱优游蓬勃活跃的心灵，就在那连绵起伏无涯无际的黄土高原上，以《诗经》一样的起兴、比兴，以上下句的结构格式，以美轮美奂的旋律和曲调，信天而游，信天——而游，游，游……游得让我们这颗星球硬是多了几分意趣几分精彩呐，战栗了多少审美的神经！但我想问，谁能搞得清啊！它，这信天游，始于哪个朝代？何时是它的滥觞？

是昭君出塞的汉朝？是李白捞月的唐代？抑或，是宋？是元？是明？是清？反正，它大多数悠扬的词曲，都含着古老风沙的颗粒，常常会掉落在我们的眉睫、耳轮和心上，使人感到历史的渺远和苍凉。

①透过渺远和苍凉，是一眼望不尽的峁梁连绵，沟壑纵横。这边山头犁铧翻着土浪，羊肚子手巾扎在头上，扶犁者汗湿衣褴；那边沟里扁担一闪一闪，小脚片踩出花似的踪迹，挑水者是个十三四岁的小女女。扶犁汉子也许觉得今天特别口渴，便朝沟里喊去：②"哎——凤儿！晌午送饭，别忘了给我多舀半罐子米汤！哎——洋芋丝丝也拿上一点！"小女女便转脸应声："哎——舅舅！我听下啦！"他们必须扯长声儿，不然，对方就难以听清。而他们觉得需要排遣寂寞无聊的时候，便以更高亢、更悠扬的嗓音唱了——如果出于自我表现的目的，也必须这样，否则他的歌声就传不到别人的耳朵；即使是自娱自乐，到处是一片空旷，也不用顾忌讨嫌于人。而在这片荒凉贫瘠闭塞的土地上，又曾经有羌笛、胡笳和古筝的交响，游牧与农耕的混合，胡汉的杂处和互融，因

❶ "透过渺远和苍凉，是一眼望不尽的峁梁连绵，沟壑纵横"勾勒出黄土高原的特点，如同绘画中速写一般，简明扼要却准确灵动。也为下文说明信天游的特点做了铺垫。

❷ 这是语言描写，拉长的语调、形象地再现了黄土高原上交谈的方式和特点，进一步为说明信天游的特点做出铺垫。

而这片土地上的人们，精神上罕有桎梏，正如清人王培的《七笔勾》所云："圣人布道此处偏遗漏。"因而他们唱起歌来，既有独特的曲调和韵味，又有无拘无束的张扬和放浪。——这就是与中原文化迥异的信天游了。这是人类自然天性的最痛畅的宣泄。它在漫漶了的一个时间段上像野草、野花萌生之后，就越长越多，越开越旺，"信天游就像没梁儿的斗，多会儿唱时多会儿有。"祖祖辈辈，年年岁岁，唱在放羊的山坡上，唱在赶脚的大路上，唱在锄地的五谷间——<u>①处处都是宏阔的舞台，声声都如云霞之辞。</u>但多么可惜，一代代的手艺人不断地造出数不尽的羊毫、狼毫，却没有一支曾将这信天游记录下来；连片言只语都没有。直到著名的1942年，是延安鲁迅艺术学院的师生们，才第一次让这些饱含泥土糜谷和露水珠儿气息的信天游，沾上油墨的清香，与《敕勒歌》，与唐诗、唐乐，与柳枝词，与梅兰芳舞袖飘拂中的歌吟，肩并肩地站在一起，于是博大精深的中华文化宝库中，便多了一曲崭新的"关关雎鸠，在河之洲"，神曲般的拦羊嗓子回牛声。

我有幸在此期间，被母亲牵着稚嫩的手，走在延河畔上。青草开花一寸高。阳光洒遍的山山洼洼，羊肚子手巾辉映着灰军装，军号声呼喊声老镢头开荒的声音刚刚止息。宝塔山上白云悠悠。<u>②突然，好像从那云缝中，猛乍乍地淌出一股飘逸的光，瑰丽迷人；</u>那是我平生所听见的第一支信天游：

你妈妈打你你给哥哥说，

旁注：

❶ 运用比喻和对偶的修辞手法，"处处"泛指人们生活的每个地方，这些都是舞台，说明了信天游普及性和生活化的特点，"云霞之辞"意思是云霞说的话，把信天游比喻为云霞之辞，说明了信天游高亢、悠扬的特点。

❷ 运用比喻的修辞手法，把歌声比作飘逸的光，形象地描述出"我"突然听到信天游时的感觉，将听觉转化为视觉，更具画面感。

为什么你要把洋烟喝？

我妈妈打我我不成材，

露水地里穿红鞋。

①这样土气、这样简单却这样富于艺术魅力的两句信天游，一经入耳，便入骨，便入髓，我此生便再怎么也忘不了了。

上初中后，因为爱上了文学，我被信天游迷得死去活来。我买了一本何其芳和张松如主编的《陕北民歌选》，又念歌词，又唱曲谱，上下课的铃声也往往被听而不闻。书上那些意象，那"上畔畔的葫芦"，那"清水水玻璃"，那"双扇扇门来单扇扇开"，②虽然都是我熟悉的事物，但还是给我开启了一个诗意的世界，令我神往。我朦朦胧胧的心上，总有情爱的吟唱引起共鸣。"你走那天刮了一股风，响雷打闪我不放心。前隔大河后隔山，什么人把我的路掏断？""听见妹妹病沉重，马上加鞭赶路程。三十里明沙二十里水，五十里路上看一回你。"③我总觉得，这些忧伤缠绵和决绝的爱情歌唱，就算普希金再世也难以企及。

我那时每逢节假日，常常会领着我家的一只小花狗，像当年的小八路似的，奔向开花的山野。但我不是小八路。小八路的出行也许是为了给开荒的首长送什么东西，盖膝的军上衣被风掀起，我却胸前飘着红领巾，是为了聆听和记录原汁原味的信天游。起先，信天游要么低旋于玉米丛中，总不见飞扬起来；要么就像天边的风筝，总是隐隐绰绰，令人沮丧。

❶ 以短句形式来写，富有节奏感，能表现较为强烈的情感，表达出作者听到信天游时的激动心情。

❷ "一个诗意的世界"既是作者的感受，也写出了信天游唱词的特点，表现则以浪漫主义的比兴手法见长。

❸ 采用对比的修辞手法，描写了信天游中的爱情唱词非常忧伤缠绵，就连普希金也要望尘莫及，体现了信天游歌词生动形象、贴近生活的特点。

❶ 描写了在辽阔的黄土高原上，到处都飘荡着信天游那悠扬的妙音，并采用比喻的修辞手法，把歌声比作山泉涌出，体现了信天游深受人们的喜爱。

❷ 描写了人们随时随地都会扯几声信天游，走到哪里都会听到那嘹亮的歌声，体现了信天游是人们最喜爱的曲调。

① 但走着走着，或在东峁，或在西梁，或在哪个深沟里头，就有信天游清晰地如山泉般涌出，冷冷冽冽、晶晶莹莹、悠悠扬扬，把那一波一波的妙音洒向我的肩膀又滑了过去。它有时候竟好像变成一道滴哨（小瀑布），从我背靠的土崖上洒落下来，湿凉了我的耳朵，沁入我的生命。② 又在有的时候，不知哪儿一声扯长声儿的信天游出唇之后，却似我眼前一股风儿，一阵平扫、一阵跌宕、一阵旋转，直到我惊叹不已的时候，它却消失于一个沟岔，而不久，它竟又在山疙瘩上绕来绕去了，接着又来了一个纯八度的跳进，直抵云天。有时我躲在一个什么旮儿，让狗也不声不响，听坐在碥畔上的年轻媳妇一边做着针线，一边悄声歌唱：

河湾里头长流水，
你走莫忘引妹妹。
红军营里人马多，
哪一个马尻子捎不下我。

这显然是闹红年月的信天游了，虽然也是关乎情爱，却没有纠结、凄切、悲怆，听了它，让人心里顿生暖意。记得后来那年轻媳妇发现了我，我只好走了出来。我明知故问："你刚才唱的是一首情歌吗？"她朴实又多少有点害羞地说："就是那么个唱法嘛！"片刻，她发现我的肩上沾了些草屑，便伸手给我拍了拍，并问我饿了没有，要给我做饭。这小媳妇，有着多么纯美的心肠啊！

有一天我登上了一个山顶顶，突有一只嗓音浑厚的信天游响在我的耳畔,我看见,唱歌的是个拦羊老汉。<u>①他唱得实在太美了,但我写作文时竟不知该如何描述。现在每每忆及,便觉得他口中信天游的上下句的原始性,却像电脑的"0101"的原始语言一样,变幻出了多么丰富的气象万千。</u>我那时候望着那苍茫辽阔连绵起伏的黄土高原,听着这支信天游,我实在分不清信天游是脱胎于它,还是它有几分信天游的意象?后来我曾经暗暗地想,假使信天游可以像天下万物似的有形有色,而且其形色永不糟朽,<u>②那么,整个陕北高原的天空,一代代的累积,它每寸蓝天、每寸云彩都会缀满音符和文字的晶亮钻石。</u>

感谢李季,是他以诗人的一双神妙之手,以鲜明的人物形象,以美丽的故事结构,把信天游这些散乱的珍珠串连成一部精致动人的叙事长诗《王贵与李香香》,使信天游第一次登上了文学的殿堂。这是我们时代的《孔雀东南飞》呀,我多次欢呼。这部诗,我先后买过三种版本,它们陪伴我风风雨雨数十年,每页都像一片波浪,每片波浪都在我的手上翻滚过百次、千次;我的像鹅卵石的指头蛋儿,至今犹记着那波涛的喧响。

1956年,我是个高一学生。在延安举行的五省(区)青年造林大会上,我跟着民间艺人韩起祥,见到了三十一岁的诗人贺敬之。贺敬之与韩起祥二人合影,让我给他们按按快门。我遗憾我手持的相机,无法照出他们胸中的友情深深、诗兴浓酽。只记得不久,一首信天游形式的杰作横空出世,那就是贺敬之的《回延安》。它让我爱不释手。<u>③</u>噫吁嚱,神乎高哉,诗人!

❶ 作者听到拦羊老汉唱的信天游,对信天游有了更深的认识和理解,进一步说明信天游和黄土高原的密切关系。

❷ "缀满音符和文字的晶亮钻石"是比喻,音符是信天游的曲子,文字是信天游的歌词,实际是将信天游比作钻石。形象地说明了信天游的光彩夺目。

❸ 作者直抒胸臆,抒发了作者对贺敬之《回延安》的崇拜与赞美之情,说明诗歌也可以借鉴信天游的艺术形式,说明信天游艺术的特点和生命力。

你既有对延安的一腔深情如海，又多么富于创造性，妙笔一挥，就对我可亲可爱的信天游，做了诗化的换血和重塑。那陕北婆姨女子们唱了千万遍的"东山的糜子西山的谷，哪达儿想你哪达儿哭"，到了你抓着延安黄土的手里，完全是一片崭新的革命情状了："东山的糜子西山的谷，肩膀上的红旗手中的书。"① 而诗中经典名句"几回回梦里回延安，双手搂定宝塔山"，既有信天游的质朴语言和韵味，又充溢着李白一样的浪漫诗思。此诗句，多少年过去了，却一直朗朗于大中学生的口上，而且由油墨印成的文字，变成延安石匠錾子下的石头，竖在延安的大门口了！

千座青山万道沟，我死活忘不了这诗两首。阳畔上酸枣背畔上艾，我愿向这些诗顶礼膜拜。② 应该说，在我国的文学版图之上，信天游就像千朵万朵的白云彩，云拥奇峰出，霞飞散绮红，那便是这两首杰作。

遥想唐宋当年，孰能料到，起先并不怎么起眼的脱胎于南方民歌的文人之词，后来竟形成数百年的文学之盛。而李季和贺敬之对信天游的开掘熔炼，却多少有些空谷足音的味道。不知何年何月，天将降数十数百的大智慧大手笔之人，能将信天游炼成一道天地奇观——我一直如此企盼。

黄土高原的地貌当然自有它独特的美处，不过它毕竟灰黄得没有尽头，颜色太单调了，大概为了得到心理上的补偿，我陕北的父老乡亲在创作信天游的时候，如一个个凡·高或者齐白石，特别注意要涂上几笔浓艳的色彩。③ 比如《蓝花花》这首歌吧。本来，这只是叙说

① 写出《回延安》既有信天游的特点，又有古代诗歌的特点，这说明信天游的扩展性和生命力，表达了作者对信天游的喜爱。

② 采用比喻的修辞手法，把信天游比作千朵万朵的白云彩，生动形象地描写了信天游在我国文学版图中奇异绽放，大放光彩的情景。

③ 采用举例子的形式，把《蓝花花》这一首叙述一个年轻姑娘的歌儿，描写的有声有色，使人物活灵活现地展现在读者的面前。

一个年轻姑娘的歌儿，可是到了这些艺术家的手里，他们首先抛出的是青线线和蓝线线，并且以那么美的旋律渲染着它的明明暗暗、强强弱弱的蓝的色阶、色调，让它终于发出了"蓝格英英的彩"的奇幻光芒。而歌中主人公姓氏的蓝，由于上句的比兴，也变得如白居易笔下的江南，如江南的一片水溶溶的景色，春来江水绿如蓝。

走笔至此，我记忆中最为美好的一角，便泛起涟漪。那是《蓝花花》的歌声与真的江南似的景色融合在一起了。绿如蓝的江水映在我 21 岁的眼帘。飒飒作响的竹叶响在我 21 岁的耳畔。我 21 岁的筋腱饱满的双脚，踩在陕蜀鄂三省交界的大巴山上。我以我地道的延安口音，把《蓝花花》抛起在那山水之间。我看见那些背背篓的姑娘、田间耨草的小伙子，都一齐向我转过脸来。一时间，那婉婉约约的巴山汉水，悉被我的嗓音注进了一股粗犷的陕北之艳，我从那姑娘和小伙子的脸上读出，那儿的山水分明是双倍的美了。那当儿我的心里蓦地冒出"前不见古人，后不见来者"的这两句诗来，但我绝不像陈子昂似的悲戚、寂寞、哀伤，恰恰相反，我是太得意、太自豪了，因为我觉得，从悠悠历史到茫茫未来，也许我应该是唯一的一个以陕北拦羊娃的方式，把信天游带到此间的人。① 哦，多情应羡我，正年少，爱歌爱唱，风华翩然。

② 我是一路苦恋着信天游走近中年时代的。不知不觉间，我收集购买的信天游和陕北民歌以及与之相近的爬山歌和山西民歌的资料和书籍，无法尽数；把它们堆在一起，竟有十几斤重了。"文革"的凄凄风雨之中，

❶ 作者直抒胸臆，抒发了对信天游的无比喜爱之情，可见作者对这片土地也无比热爱。

❷ 这一句是一个过渡句，既交代了时间，衔接上文，又引出下文。中心词是"苦恋"，说明了作者对信天游犹如对恋人，形象、夸张地表达了作者对信天游的喜爱之情。

① 这是一处细节描写，描写了作者辛辛苦苦收集购买的信天游和陕北民歌的书籍和资料被落在了一间小饭馆中，作者不顾辛劳，转回去费尽心力找了回来，体现了作者对信天游的痴爱。

② "如久埋土中的明珠出土，如重开的牡丹"此处运用比喻的修辞手法，形象地描绘了传统陕北民歌经过改编，重新焕发了勃勃生机。同时也表达出作者的兴奋之情和信天游的生命力持久旺盛。

我被下放到红砂石箍窑的志丹县农村。因为夜里多有读书的时间，有一次回家时，我骑着自行车把它们悉数带上了。走了五六十里路，忽然发现我竟把它们好像丢在一间小饭铺了；①我的头嗡地响了一声；我像丢了魂似的，顾不得累得难以抬腿，硬是踅转身去，颇费了些周折，总算把它们找了回来。大概冥冥中早就注定，这些书不该丢，不能丢，因为它们和时代已有相约。

忽有一日，省上组织了个创作班子，拿着初步改编下的五首陕北革命民歌来到延安，一边修改，一边征求意见，住在南关招待所。好像是一个上午吧，我们延安文工团创作组一行数人，被邀去开会。

这个招待所，在 20 世纪 40 年代，叫作陕甘宁边区交际处。记得翻修它的时候，缺石板，我家还捐献过十多块。无数著名人物曾在这儿川流不息。我上小学幼稚班时天天背着书包经过这儿；冼星海夫妇风尘仆仆地初来延安，就是在这个大门口放下手中的行李，走在信天游的有无中；贺敬之就是在这儿的窑洞里，以感冒了的身子艰难地呼吸着高原的甜美,写出了《回延安》。现在，招待所会议室大幅玻璃窗照进来的阳光，又照在一些当年的文艺工作者的脸上，他们的身边也有与我年龄相仿的文友，他们都是这个创作班子的成员。②经过初步改编的陕北民歌，如久埋土中的明珠出土，如重开的牡丹，闪耀在人们面前。有一首信天游叫作《后山里下来些游击队》，我知道它原来的题目是《横山里下来些游击队》，由于当时人人心里都很明白的原因，被如此改了。我忽然想起我的那些失而复得的书了。我说："与其这样，不如干脆新写一首中央红军初来陕北的歌子吧。"我并且说，"我手里有资料。"大家听了，颇有喜色。

当天下午，我从家中找来那堆书翻啊翻的，一行行的音符一行行的字，如红旗卷着的滚滚烟云。我终于找见让人眼睛为之一亮的两句了："山丹丹开花红满了山，中央来了大发展。"我好不高兴！天色入暮，我把它交给我团的老作曲家航海。他带了我的书，跨上自行车扬长而去，自行车的轮子就像旋转着他在解放战争期间写的那首风靡整个西北战场的歌曲《大进军》的旋律。其结果不用多说了，不久之后，一首深受人们喜爱的信天游歌曲《山丹丹开花红艳艳》，与其他几首民歌一起，震响在全国的广播喇叭上。

①我当然也自己写过信天游歌曲。那一年，我以上下两句原生态的信天游为动机，与作曲家王建民合作，创作了一首完全是信天游味道的歌曲，里边每节都有"圪梁梁"三字回旋萦绕，便名之为《圪梁梁》。我还与王建民合作过一首以信天游为基调的女声独唱《崖畔上酸枣红艳艳》。②当陕北的山水间也飘荡着这两首歌的时候，我整个身心便油然生出一种悠然怡然的归属感。

我骄傲我生身于陕北。我更骄傲我泡大于信天游的江河湖海。马里头挑马不一般高，歌里头挑歌就数信天游好。我看信天游多妩媚，料信天游看我应如是。我这些年主要从事散文创作，而信天游，也营养了我的散文的筋骨。一位著名的文学评论家把我的散文称为"无韵之信天游"，我觉得他是我的难得的知音。

在 10 多年之前，我曾忧虑地感到，那曾经像野草

❶ 这一句承接了上段自己对传承和发扬信天游做出的贡献，是过渡句，引出下文，又是本段的总括句。

❷ 作者直抒胸臆，抒发了他痴情信天游、痴心陕北的情感，表达了作者眷恋家乡之情。

① 把信天游歌手比作山丹丹，形象地写出新一代信天游歌手人数之多，表达了作者对信天游得到传承，能够发扬光大的兴奋之情。

一样一个劲地往出钻的信天游歌手，在陕北这片可爱的黄土地上，怎么忽然间变得稀缺起来了！可是我的感觉幸好有些偏差。①完全是在不经意间，我终于发现信天游歌手就像春雨过后的山丹丹，开得好红好红，这山是，那山也是。王向荣和阿宝的歌声未落，王二妮的天籁般的嗓音又响起来了，接着又是韩军和雒胜军。更让人欣喜的是，那一年回延安，一下火车，便有小青年们一边出车站，一边放开嗓门，高唱着一声声的信天游。他们大概一看见宝塔山，嗓子就痒痒了。他们对着延安群山环抱的空旷的夜空，就像虎归深山鱼归海，便任情任性起来。看来在他们的心里，延安的火车站就像放羊的山，赶脚的路，像马茹子果眨着眼睛的崖崖畔畔。②啊，陕北，生我养我的这片厚土啊，我愿像这信天游一样的高高飞起，化作装饰你的夜空的月晕，绕着月亮转圈圈红。

② 文章结尾总括全篇，并照应第一段，深化主旨，升华主题，再次说明信天游对作者的影响和情感。

延伸思考

1.阅读第一自然段，你想到的问题是什么？请把这个问题写出来，并结合这段的内容简要说明产生问题的原因。

_____

2."处处都是宏阔的舞台，声声都如云霞之辞"采用什么修辞手法，写出了信天游的特点？

_____

3.本文在语言上有何特色？

_____

第三辑 陕北风物

每一个舞姿都充满了力量。每一个舞姿都呼呼作响。每一个舞姿都是光和影的匆匆变幻。每一个舞姿都使人战栗在浓烈的艺术享受中，使人叹为观止。

【2016 年江苏徐州中考题】

阅读下面的文章，完成各题。（17 分）

三角梅

刘成章

①那年春天，我们陆续给小院栽了一些花木，其中包括一棵三角梅。我们知道三角梅可以开出很繁盛很灿烂的花，所以对它怀着极为美好的憧憬，特意把它栽在房屋山墙边极为显眼的地方，希图无论是谁来到我家门前，一眼就能看见。

②不料遇到了令人非常沮丧的事情。栽的时候，都一样认真，一样施足了底肥浇足了水，栽好之后，管理也没有偏三向四，天天都给它们浇水，可是别的花木都长得欢欢势势，到抽条时抽条，到开花时开花，一年下来，都长得很像个样子了，唯独那棵三角梅老是婴儿似的趴在那儿，停滞在那儿，好像完全忘了自己应该长长了。

③第二年，那棵三角梅仍然毫无变化。

④第三年，满院子的花木都长得青春勃发，高大喜人，那棵三角梅的叶片却比初栽下时还少了好多，病恹恹的，一派要死不活的

样子。我和老伴对它几乎不抱什么希望了，感伤地想，它总有一天会死去的。

⑤去年是栽下它的第四个年头了。春天，当别的花木都在泛绿、发芽时，那三角梅依然毫无生机，一点要拥抱春天的意思都没有，于是我和老伴多次站在它的面前叹喟，皱眉，甚至责骂。我们说，干脆把它拔了吧，省得它还占着一块地方，还要天天浪费几勺水。我的女儿和女婿，也是这样的观点。至此，全家的意见都一致了，欲除之而后快。

⑥然而，就在我们说这话后的不长时间，却出现了意想不到的变化。我们惊喜地看见，三角梅的可怜兮兮的枝叶间，第一次抽出了一枝表皮有着细致纹路的新条，而且长得很快，不久就长到二尺长了，而且在那新条上旁逸斜出，又生出了好几条侧枝。我们高兴极了。但为什么会突然发生这么大的变化呢？也许是我们关于要挖掉它的议论被它听懂了吧！如果是，对它来说，那可是个性命攸关的大事啊，于是它就做出拼命的一搏，终于把生命的力量给搏出来了。它好像每天太阳一出来，就死盯着周围的花木，与它们比赛着成长。它身上透露出来的生机和生气，非常生动地展示在蓝天之下，是那么醒目耐看。它像憋屈了好几年的毛毛虫，终于要开始向着花蝴蝶的方向嬗变了。

⑦又过了一个多月，我出门要干什么去，忽见山墙边露出个妙龄女子的脸，静静地望着我，她的身子还隐在墙后，恍恍惚惚似真似假，是邻家的客人吗？我终于从迷惑中清醒过来，看清那是三角梅开了一嘟噜火红的花。我急忙叫来老伴，让她也高兴高兴。老伴的眼中闪耀出多年来少见的美丽光彩。

⑧又是一个春天来临了，此时的三角梅已长成一棵枝茂花繁的大树，比房檐都高，它的红色花瓣就像红金子捶成的薄片，只要轻

轻撞击就能发出动人的声音。太阳照射的时候，它的每朵花都泛溢着红色的光晕；而风儿一吹，它的每朵花都像一只火红的蝴蝶张开了翅膀，扇动着，奋争着，仿佛亟欲挣脱枝头，翩翩飞去。

⑨生命，真是有些说不清道不明的奥秘和潜能的。

1. 写出作者对三角梅情感态度变化的过程。（4分）

A_____ → B_____ → C_____ → D_____

_____

_____

2. 本文的②～⑤节写了什么？在文中起什么作用？（2分）

_____

_____

3."老伴的眼中闪耀出多年来少见的美丽光彩"。为什么？（2分）

_____

_____

4. 请从描写的角度和修辞手法两方面赏析下面的句子。（5分）

太阳照射的时候，它的每朵花都泛溢着红色的光晕；而风儿一吹，它的每朵花都像一只火红的蝴蝶张开了翅膀，扇动着，奋争着，仿佛亟欲挣脱枝头，翩翩飞去。

_____

_____

5. 结合全文，说一说你对文尾句中"奥秘和潜能"的理解。（4分）

_____

_____

安塞腰鼓

安塞腰鼓，以其炽热如火的舞姿，在我国陕西的黄土高原被誉为"天下第一鼓"。面对如此激烈的舞姿，我们每个人都会觉得它美、震撼。如果要用语言来形容，实在很难找到合适的语言。让我们一起来领略一下这篇文章的文采吧！

① 一群茂腾腾的后生。

他们的身后是一片高粱地。他们朴实得就像那片高粱。

咝溜溜的南风吹动了高粱叶子，也吹动了他们的衣衫。

他们的神情沉稳而安静。紧贴在他们身体一侧的

❶ 作者以"一群茂腾腾的后生"开头，给人一种耳目一新的美感。"后生"代表了年轻的生命，朝气而蓬勃；"茂腾腾"则指沸腾着的生命，精练传神地表现了年轻生命的热情奔放。

腰鼓，呆呆的，似乎从来不曾响过。

但是：

看！——

❶ 强烈地展现了生命的沸腾，力量的喷涌。通过运用排比句，表现出一种壮丽、豪放、火烈的舞蹈，充分表达了作者对生命与力量的赞美，并突出了安塞腰鼓所引发的联想与体悟。

①一捶起来就发狠了，忘情了，没命了！百十个斜背响鼓的后生，如百十块被强震不断击起的石头，狂舞在你的面前。骤雨一样，是急促的鼓点；旋风一样，是飞扬的流苏；乱蛙一样，是蹦跳的脚步；火花一样，是闪烁的瞳仁；斗虎一样，是强健的风姿。黄土高原上，爆出一场多么壮阔、多么豪放、多么火烈的舞蹈哇——安塞腰鼓！

这腰鼓，使冰冷的空气立即变得燥热了；使恬静的阳光立即变得飞溅了；使困倦的世界立即变得亢奋了。

使人想起：落日照大旗，马鸣风萧萧！

使人想起：千里的雷声万里的闪！

使人想起：晦暗了又明晰、明晰了又晦暗，尔后最终永远明晰了的大彻大悟！

❷ "那么一股劲"，就是要冲破人们身体上的一层层坚硬的外壳，让他们的生命在这个世界里流淌，让人"遗落了一切冗杂"，"痛快了山河、蓬勃了想象力"，让他们明白了生活的意义，让他们明白生命存在的意义。

②容不得束缚，容不得羁绊，容不得闭塞。是挣脱了、冲破了、撞开了的那么一股劲！

好一个安塞腰鼓！

百十个腰鼓发出的沉重响声，碰撞在四野长着酸枣树的山崖上，山崖蓦然变成牛皮鼓面了，只听见隆隆，隆隆，隆隆。

百十个腰鼓发出的沉重响声，碰撞在遗落了一切冗杂的观众的心上，观众的心也蓦然变成牛皮鼓面了，也是隆隆，隆隆，隆隆。

隆隆隆隆的豪壮的抒情，隆隆隆隆的严峻的思索，隆隆隆隆的犁尖翻起的杂着草根的土壤，隆隆隆隆的阵痛的发生和排解……

好一个安塞腰鼓！

后生们的胳膊、腿，全身，有力地搏击着，疾速地搏击着，大起大落地搏击着。它震撼着你，烧灼着你，威逼着你。它使你从来没有如此鲜明地感受到生命的存在、活跃和强盛。① 它使你惊异于那农民衣着包裹着的躯体，那消化着红豆角角老南瓜的躯体，居然可以释放出那么奇伟磅礴的能量！

黄土高原啊，你生养了这些元气淋漓的后生；也只有你，才能承受如此惊心动魄的搏击！

多水的江南是易碎的玻璃，在那儿，打不得这样的腰鼓。

除了黄土高原，哪里再有这么厚、这么厚的土层啊！

好一个黄土高原！好一个安塞腰鼓！

每一个舞姿都充满了力量。每一个舞姿都呼呼作响。每一个舞姿都是光和影的匆匆变幻。每一个舞姿都使人战栗在浓烈的艺术享受中，使人叹为观止。

好一个痛快了山河、蓬勃了想象力的安塞腰鼓！

② 愈捶愈烈！形体成了沉重而又纷飞的思绪！

愈捶愈烈！思绪中不存任何隐秘！

愈捶愈烈！痛苦和欢乐，生活和梦幻，摆脱和追求，都在这舞姿和鼓点中交织！旋转！凝聚！奔突！辐射！翻飞！升华！人，成了茫茫一片；声，成了茫

❶ 他们的生命是自然的，健康的，原始的，未经雕琢的，没有一点儿污染、不掺杂任何杂质的，完完全全的。这就是他们的力量源泉。

❷ 此处综合交错，运用了排比和反复两种修辞方法，使文章语句铿锵、气势强劲，将安塞腰鼓所表现的力量与美发挥到了极致。

① 文章最后以"鸡啼"结尾，是一种反衬的写法，非常具有新意。当鼓声停止以后，人们仍然沉浸在激情之中，好像炽热之后的沉寂，这是以"鸡啼"反衬寂静。

茫一片……

当它戛然而止的时候，世界出奇地寂静，以致使人感到对她十分陌生了。

简直像来到另一个星球。

① 耳畔是一声渺远的鸡啼。

延伸思考

1. "多水的江南是易碎的玻璃，在那儿，打不得这样的腰鼓。"作者为什么这样说？

_____

_____

2. 作者通过安塞腰鼓想要表达什么？

_____

_____

3. 文章中揭示安塞腰鼓文化内涵和生命意识的一句话是什么？

_____

_____

扛椽树

名师导读

　　《扛椽树》是一篇典型的借景抒情散文，这篇通过山川景物来隐喻或象征写作者心志的散文，表达了对扛椽树以及像扛椽树一样有铮铮傲骨、不畏牺牲、彻底奉献精神的陕北英雄乃至中华民族精魂的热情讴歌。我们赶紧去一饱眼福吧！

---

　　①这柳，这陕北的柳，这迎着漠风的柳，这晕染出一片苍凉的柳，千万年来，是在等谁呢？谁能描绘出它的满身奇崛？

　　……滔滔的河。滔滔的神话和历史。滔滔的云中飘带和地上脚步。自周至春秋，花开花落五百年，斗转星移五个世纪，五百年、五个世纪、十几万个晴晴阴阴的日子，纷来沓至，应接不暇，等来了古神州的第一批诗人。诗人们如鸟如蝉如蛙，吟诵之声不绝啊不绝。吟出了"风"，吟出了"雅"，吟出

① 文章开头作者一连使用四个"这"，旨在加强逻辑力量的词组，使得"这柳"形象兀然独立；再加上两个掷地有声的疑问句，更使得人们对"这柳"产生新奇之感。

❶ 作者采用欲扬先抑的手法，描写了古代文人对柳树的吟诵，对柳树袅娜的身姿进行了赞颂，但作者所赞颂的绝不是柳树的袅娜之美。

了"颂"，吟出了一部《诗经》。吟出了"昔我往矣，杨柳依依"的绝妙佳句。① 不过，此句绝妙是绝妙了——引得后辈子孙竞相模仿，竞相依依——但，它却与这柳无干。风马牛不相及。南辕北辙。依依者在水一方，若窈窕淑女，不在陕北。陕北是满眼的干山疙瘩。依依者不是这柳。也难怪，这柳只生长在遥远的绝域，诗人们何得一见？

及唐，诗界的天空今非昔比，星汉灿烂。一颗星终于飘然而至，照亮了陕北。那是王维。王维走马沙原，沙原边，屹立着一铺滩滩的杨柳树，因而，他一定看见它了。王维诗兴大发，脑海中如有巨鲸游动，咕嘟嘟冒出两个字：直、圆。② 柳啊，柳啊，你这下总算等来了——人们说——凭着这直、这圆，凭着这两种飞动的线条，天底下的什么物象不可描绘出来？但可惜，王维并没有让这线条继续飞动，而是让它蓦地凝固了，凝固为大漠孤烟和长河落日。这能怨王维吗？王维只在陕北待了极为短暂的日子，他的诗思怎么会不首先激荡于阔大的风光？怎么能要求诗人把所到之处的一切都付诸笔墨呢？

❷ 描写了文人一直以来总是赞颂柳的柔弱之姿，而身处西北贫瘠之地的柳在千百年后的唐代，终于等来了诗界巨人王维，但王维也没有注意到扛椽树的存在。

❸ 此处作者采用欲扬先抑的手法，先写了扛椽树身处绝境、不为人知的一面，为后面赞叹它在贫瘠的土地上，坚韧不拔、悲壮地默默奉献的精神做了铺垫。

③ 一次一次地被冷落，尽管是可以理解的，但碰到谁的头上，都无疑是重大的打击，都会有情绪上的波动。这柳，我心想它一定是一副失望的颓唐的样子了。孰料，它心静如月，仿佛世界上什么事情都不曾发生。翻开大地的档案，更知它千万年来，一直静静地观望，不曾激动过一次。

然而，当我的身影出现在柳的眼帘中的时候，柳不平静了，柳借漠风狂舞，首如飞蓬。①而我，也恍若又见故人，顿生亲切感，真想喊着叫着猛扑过去。我感到了心和心的相撞，但我茫然不知何以如此。突然间，一个声音响在耳畔，唤我的乳名。我望柳，柳无言。望柳的枝头，一只红嘴鸦在叫："章娃！章娃！"枝头上还有些鸟雀，它们叽叽喳喳，隐约在说："等的是你！等的是你！"我欲问红嘴鸦，欲问鸟雀："谁在等我？谁？"但不待我开口，它们已四散飞去，而就在这时候，阳光下，柳的影子已拥抱着我，如亲人温热的襟怀。原来，柳是在等我。哦，柳！陕北的柳！朴拙如庄户人的柳！令人兴奋、令人落泪的柳！几千年了，不等吟出《诗经》的诗人，不等王维，就等我！我诚惶诚恐："我有什么能耐？为什么等我？"柳仍无言，柳让山上的放羊娃传达出它的心声，歌曰："陕北生来陕北长，因为你魂牵这地方。南瓜蔓子白菜根，不等你的才华单等你的心。"我怎么能不被深深感动呢？我该怎么抒抒情怀？我虽然也写过诗，却事实证明并没有写诗的灵气，我只有求助于李白了：太平洋水深万丈，不及此柳等我情！况且，我本来对它也怀着难分难解的情结。我知道我该干什么了。

描绘它，没借鉴可寻。不论是关于柳的任何文字，都与它挂不上边。②所以，什么娥眉呀，发丝呀的种种女儿气，应该首先在天地间扫荡净尽。不能有西施的影子，不能有林黛玉的影子，不能有刘三姐的影子。甚至京华柳的那种绿，江南柳的那种绿，灞柳中原柳的那种绿，在这里也可以剔除开去——只用黑。黑还

❶ 作者从扛椽树的身上，读到了与陕北人民相同的精神气质，因而产生了一种惺惺相惜的感觉，产生了强烈的赞叹。

❷ 此处采用对比的手法，描写了具有西施等女子身影的柳，以及京华等处的柳，显现了身处西北贫瘠地区柳树的独特身姿与魅力，感染着生活在这里的一代代朴实的人们。

要浓黑。于是，我把我周身的血液变成浓浓的墨汁，满腔满腔地往出泼。^①泼一柱疙疙瘩瘩的铁的桩子，泼一片铁的定格了的爆炸，泼一股爆炸了的力的冲击。或者泼成曾经跃起在这儿的英雄：泼成蒙恬，泼成赫连勃勃，泼成李自成，泼成刘志丹和谢子长。也可以泼成这儿的无数死了的或者活着的普通刚强汉子。我还想把它泼成鲁迅。鲁迅虽是南方人，但他的骨头却像这柳。我要泼出的是鲁迅的黑白木刻般的雄姿——这就是这柳。

倘问：这柳没有枝条吗？有。但它的枝条不是垂下来的，而是横在天空中的，像爆炸射出的众多而凌厉的轨迹，像英雄举起的密密麻麻的刀枪。它的枝条是陶渊明的腰，五斗米也压不弯它。它的枝条是鲁迅的笔，其笔如椽，挥尽了一个时代的思想辉煌。

说到椽，这柳的枝条，确实是做椽用的。人们砍了它用来盖房子。一棵树可以砍六七十根。但砍了它，用不了几年工夫，又一层新的椽子又蓬蓬勃勃地生成了。生了砍，砍了生，往复无穷。^②往复无穷的是瘠薄的土地上的悲壮的奉献。它常常悲壮得像断肢折臂的战士。但即使年迈了，衰老了，它的躯体变得干瘪而空洞，甚而至于剥落成扭曲的片状，仍不忘耗尽最后一丝骨血，奉献于世界。如果把它一生的奉献累加起来，每棵树都应该是一片森林。——这就是这柳。

我的描绘如果就此结束，我知道，还是对不住它的。我还应该用我满腔的浓浓的墨汁，泼出它的名字。^③有人把它叫作塞上柳，有人把它叫作蓬头柳，我还

① 作者将天马行空般的想象力以排比的修辞手法，在读者的脑海中一次次强化这坚韧不拔、不屈不挠、悲壮奉献的西北性格。这种性格是生活在这贫瘠土地上的英雄的性格，也是几千年来勤劳勇敢的中华民族的精神。

② "往复无穷"是指它"生了砍，砍了生"，永远在奉献着。这种奉献精神值得所有人学习。

③ 做盖房子的椽，要直、要硬，作者这种"椽子"精神，它像陶渊明那渐入轻松的腰椎，更像鲁迅冷峻硬朗的笔杆，也如这西北高原上古往今来的无数有名和无名的硬汉。

曾见过一个人，把它叫作扛椽树。我特别喜欢最末这个名字，因为它摒弃了柔弱的柳字，更因为它以浓郁的泥土气息，道出了它的根本特质。那么。就让我在浓浓的墨汁中饱和上深厚的感情，像豪雨一样，痛畅地泼下它吧——扛椽树！泼下它的时候，应该再次泼下它的奇崛形象，那形象仿佛是黑桩子，黑碑石，黑煤垛，黑旋风，黑白故事片中的黑脸黑衣传奇英雄，黑得使人过目难忘。这还不够，还应该泼出它黑色躯体中的代代相袭的遗传基因，以及由于这基因才一辈辈地、一年年地、永不歇息地扛着椽，扛着椽站起啊站起，献给父老兄弟姐妹，修筑广厦千万间。还应该泼出它的声音。^① 那是负重的声音，那是拼争的声音。那是乐此不疲、坚韧不拔、不屈不挠、从来不说一个不字的声音。那是粗重的从胸腔发出来的喘气的声音。那声音如一股一股的西北风，风撼北国大野，壮我中华万世之威！

❶ 文章最后采用排比的修辞手法，赞美了生活在西北高原上的这种具有"椽子"精神的柳树，同时赞颂了生活在这贫瘠的土地上的人民。

延伸思考

1. 在作者的眼中，陕北的柳有什么特点？

2. 作者写"扛椽树"这个名字有什么深意？

3. 作者写陕北的柳树想歌颂什么？

跑　藤

名师导读

　　刘成章笔下的这篇《跑藤》使我们眼前一亮，文章对不熟知瓜类这一习性的人而言，阅读兴趣大增。作者在写作中以"跑藤"贯穿文章始终，采用比喻、拟人等修辞方法，对瓜类藤蔓植物跑藤进行了具体的描写，抒发了作者对生命蓬勃向上、生机勃勃的赞美之情，奠定了全文的感情基调。让我们也去感受一下作品的震撼吧！

❶ 文章开篇引用唐代著名诗人李绅的《悯农》的诗句，点出了春种秋收的道理，为后文的描写做好了铺垫，并增添了文章的感染力。

　　① "春种一粒粟，秋收万颗子"，这是人世的基本道理。可是我们种了些大蒜，不知何故，施肥浇水地折腾了好几个月，结果刨出来一看，一个个蒜头竟小得让人哭笑不得。它的分量丝毫不曾增加，我们只是改变了一下它们的形状：下种时如月牙，现在变成球形的了。咳！

　　我们还种了些西红柿。西红柿的生长期也像大蒜一样漫长，但它却没有让人失望。等到时间它就开花了，结果了，而一旦它的果实开始红了，那真是争着抢着地红，让你不知该摘哪个是好。

最好种的应该是小白菜了，种子撒下去，只要没有病虫害的侵扰，它宝石般的绿，一个月就可以在炒锅里轻歌曼舞了。收了一拨又一拨，真叫人喜不自禁。

瓜类是很有特点的作物，我们种了两个品种的南瓜，还种了几棵瓠瓜。①南瓜出苗之后，起初是两片叶，接着有了三片四片，一直到了五六片，欢跃活泼；却只是慢悠悠地长着，个头总不见大。可是有一天，我们发现它的头上生出藤蔓了，而就在这一刻起，它开始猛长了。那藤蔓简直是在牵着它快速奔跑。我们后来知道，这就叫跑藤。据说西瓜也是会跑藤的，但对西瓜来说，跑藤是一件很糟糕的事情，预示着结不好瓜或者根本不结瓜了。而南瓜的跑藤却大可不必紧张，我们只给它掐了掐尖，让它有所节制就好了。②实际上南瓜跑起藤来，还是一道难得一见的好风景呢，你看它们棵棵都在跑，并且一边跑，一边开花，一边结瓜。这时候欣赏着它们，就像读着一首好诗或者一幅好画，我们的心里不由不充满着快感和喜悦。

有一天，忽然发现在西红柿的旁边，又长出一棵秧苗了，看那叶子，无疑是一棵什么瓜了。我们在这儿并没有种瓜的，大概是什么时候无意间将瓜种遗落在这儿，才让它获得了一份生命。心里怀着对它的疼爱之情，每当我们给别的菜们浇水的时候，也不忘给它浇上一勺。

但我们难以断定它到底是南瓜还是瓠瓜。由于这样，很自然地，我们非常留意它下一步会怎么发展。如果是南瓜，也想搞清它究竟是哪种南瓜。

❶ 此处描写了瓜类出藤蔓以前长得慢的样子，这是欲扬先抑的写法，与出藤蔓后开始猛长的样子形成鲜明的对比。

❷ 描写了南瓜出藤蔓后开始迅速猛长的情景，作者把它当作是难得一见的好风景，表达了作者对观赏南瓜跑藤的别样场景的激动和惊喜之情。

它终于长大起来，并且开了黄色的花朵，接着，花朵下面又膨出瓜蛋蛋了。我们仔细一看，哎哟！它既不是南瓜也不是瓠瓜，出奇了，它竟是一棵冬瓜！

① 我们不能不在心里思谋：它的种子是风吹来的，还是鸟厕下的？反正太好了，它是一棵飞来的瓜呀，正好填补了我们菜园里的一项空白。

于是，我们精心地关照着它了。

我们注意到，和南瓜极为相似，在生出藤蔓之前，它长得很慢，要静静地在那儿待上好多天，但一旦生出了藤蔓，它的生长的态势就不一样了。**②** 它充满了蓬勃向上的力量。它的藤蔓总是探出身子四处窥测，寻找，试探，总是悸动着，转动着，躁动着，没有一分钟是安分的。我于是隐约意识到，将有一件什么事情要在它的身上发生了。而对南瓜的跑藤了如指掌的老伴说：跑藤在即！它是在做热身运动了！果然，它第二天就开始跑了。

③ 那是一场别开生面的跑呀。

你看，它飞跑向前的藤蔓，姿势优雅，有如运动员长跑时形成的前倾角。如果把时间稍加浓缩，你便会看到，当遇到一道塄坎的时候，它一跃而过，然后就高举着一朵金色的花儿犹如奏响着凌厉的号角，一往直前。它起先只有五六片叶子，不久就变成十几片了，十几面绿旗在风中飘扬。此情此景，恐怕只有"浩浩荡荡"这个成语才可以形容。**④** 又不久，它就冲向西红柿，只见它踩踏着西红柿的茎，挤压着西红柿的叶，碰撞着西红柿的花和果，更不理会途中的野草杂花们会有些什么感

❶ 此处生动刻画了作者对于从天而降的瓜苗的惊喜，可以看出作者对这棵瓜苗极度关注。

❷ 采用拟人的修辞手法，生动描写了冬瓜藤蔓迅速生长的样子。

❸ 此处独句成段，具有承上启下的作用，承接上文老伴所说冬瓜要开始跑藤的话，同时引出下文对冬瓜跑藤的具体描写。

❹ 运用"冲""踩踏""挤压""碰撞""跑"等动词，具体形象地展现了冬瓜跑藤一往无前的场景，流露出作者对冬瓜"别开生面"的跑藤场景的欣赏与赞美之情。

受，脚不点地地一路跑过去，跑过去，不知疲倦地跑。

它本来只有一个头，可是几天之后，它就变成了好多的头，每个头都昂起在空中，转动如巨龙之头，长在上面的细而灵活的卷须自应是龙须了。它们展开了跑藤的竞赛。它们齐头并进，互不相让。它们一边跑，一边张叶，一边开着雄花雌花并且一路结瓜。它们好像是比谁在这世界上活得更加精彩。

我们每走到那儿，下意识里，就像上了运动会的看台。我们在心里向它们欢呼、鼓掌。而它们好像也受到了鼓舞，劲头更足了。到了一堵大墙边的时候，几乎是在一夜之间，嗖地一下，它们都攀上去了。

待大墙绿遍之后，它们又蜇转身跑至地上。它们似乎调整了速度，时而慢跑，时而有如散步。看来它们需要积蓄新的能量。它们比的是坚韧的意志和持久的耐力。

没过多少天，它们的叶子已今非昔比，蔚为壮观，数都数不过来。粗略估计，起码达到三四百片了。①夏日的烈日照晒下，三四百片叶子就像三四百支举起的伞，给西红柿们遮着阴凉。而在风雨中，有的西红柿要跌倒了，是它们又急忙伸出卷须之手，把它搀扶起来。而有的西红柿似乎在它们身上学会了自强，硬是拨开了它们的叶藤，另创天地。

感觉里，跑累了的时候，它们便蹲下休息。一颗颗冬瓜就是它们蹲着的形象。蹲下五六个壮实后生。②它们身上遍布着的密密汗毛，好像随着它们的呼吸声微微颤动。不知这些相距不远的后生们，隔了片片叶子，在谈论着些什么。

❶ 运用比喻的修辞手法，将冬瓜的叶子比作伞，形象生动地写出了冬瓜喜人的生长态势，表达了作者对冬瓜蓬勃生长的喜爱之情。

❷ 文章采用比喻的修辞手法，把颗颗冬瓜比喻成壮实的后生，文章把对冬瓜的静态描写转化成了生动的动态描写，一幅动静结合的美图出现在读者面前。

这时候我们看了看它们的根。我们不能不为之大吃一惊。记得两个月前，那根长得多细多弱呀，可是现在，它已壮如黑绿色的钢铁的缆绳了。我们就给这根上施肥。我们一边施，一边望着它们的藤蔓和叶片。我们惊喜地看见，不知不觉间，它们已覆盖了少半个菜园，而且，其前进的脚步已经深入到了院子里的水泥地面。

①世界上有许多跑，比如跑×，跑××，等等，都是为了某种目的和利益。它们则不是。它们好像只是为了以自己的奔跑彰显生命应有的强悍和洒脱。

由于它有追逐阳光的习性，在跑藤的途中，它的藤和卷须，是随着地球的旋转而旋转的。在万类生命之中，它虽只是小小的一芥，但你从它的动作上，却可以感受到宇宙的节奏和律动。它和宇宙间的茫茫星云息息相通。

❶ 这里作者由跑藤想到了许多，并发表了自己的见解，字里行间渗透了对瓜类植物藤蔓的肯定与赞叹！

延伸思考

1. 本文以"跑藤"为题有什么作用？

_____

_____

2. 瓜类藤蔓的生长有什么特点？

_____

_____

3. 结合文中倒数第二自然段，谈谈你获得的启示。

_____

_____

绝美红脯鸟

名师导读▶

　　刘成章的这篇《绝美红脯鸟》，让我们看到了他对红脯鸟的真挚描述，并为红脯鸟那种高情远致的绝美所震撼。其实，美无处不在，时时等待我们去发现，去感触。作者采用奇特的想象，展开了细致入微的刻画，把红脯鸟美的形象活灵活现地展现在我们面前。想不想一饱眼福呢？

　　院子里种了些枣树、桃树和玫瑰之类的花木，大夏天的，阳光如火烤炙着，每天都必须浇一次水，所以我们就在门口放了三只桶，一有了洗过菜、淘过米的水，便都倒进桶里，以待黄昏时使用。而就因为这三只盛水的桶，又意外地给我们的院子增添了几分新的美丽——飞动的、有颜有色的、携着琴音的美丽。

　　那是一些红脯鸟。① 它们的头和尾小燕般黑，背和翅是鸽子灰，肚脯最打眼，柔柔美美的红，宛若沾

① 这一句详细描写了红脯鸟的绝美样子，并采用比喻的修辞手法，生动形象地展现了红脯鸟肚脯上的颜色非常艳丽动人，使人印象深刻。

上了我们种下的红玫瑰的花瓣。它们是专门为喝水而来的。它们发现水时，应该如同我看见它们时一样的惊喜。我从它们蹲在桶沿上不顾一切地低头一啄一啄的姿态上，从它们微微颤动的红脯上，从它们尽情尽兴享受着的目光上，真切地看出了这一点。那是很自然的，因为附近有的是虫子等食物，但水却很缺——人们给花木浇水都是用水管子浇，没有人像我们一样门前总放着攒水的桶。

红脯鸟有了这样的第一次之后，就成了我家院落的小常客了，有时来得多些，有时来得少些。① 而我，每天都期盼着、留意着它们的到来。有天，我正伏在案头做着什么的时候，眼睛的余光里，忽然瞥见有几朵柔红自天飘落，空气里的温度好像因之有了微微的上升，就知道那一定是它们来了。一看，果然！但它们对人总是保持着一种警惕，来了之后，并不径直飞向桶沿，而是先站在墙头上或树梢上，小眼睛骨碌碌转上几转，确信院子绝无人迹之时，才会飞向目标。它们喝水的姿态真让人百看不厌。我有一次透过玻璃窗去看它们的时候，其中一只也正斜着脑袋看着我；它大约看见我并无什么动作，并无什么歹意，便不慌不忙地又去喝水了。另一些呢，也被它所感染，也变得不慌不忙起来。不久，它们喝得很满足了，就在桶沿边互相梳理起羽毛，那优优雅雅的姿态，如同舞蹈。

但有时候，桶里的水却并不是很满的，它们的喙够不到，那可也难为了它们。它们尝试了又尝试，最

① 作者每天盼望和留意红脯鸟们的到来，把对红脯鸟的喜爱刻画得淋漓尽致，并采用比喻的修辞手法，生动地展现了红脯鸟翩然而至的可爱样子，使人喜不自禁。

后不得不悻悻离开。① 我于是赶紧打上半盆水，添到桶中。本以为它们早已飞远了，可是我刚一进门，它们就倏然出现在我的视野中了。

② 环顾院落，我恍惚觉得，这些红脯鸟，就像我们种下的几朵红玫瑰，却无根茎的牵扯，来去自由；而红玫瑰呢，活脱脱就是半院香气袭人的红脯鸟了，它们似乎随时都可以飞着唱着腾空而起。再看看我放在门前的三只水桶，它们原本只是为院里的花木服务的，可是现在呢，它们已然增添了新的服务对象，但是由于红脯鸟的娇小可人，桶里却并不需要增添些水的。

桃子红了的时候，不知从哪里钻出一伙又一伙的各色鸟雀，大的，小的，色彩朴素的，如同做了美容手术又妆扮妖艳的，都来争食。那些鸟雀们东一口西一口的，两三天下来，硬是将半树桃子咬得烂兮兮的。我于是一边驱赶，一边抢收；尽管那些桃子还未完全成熟，我只能采取这无奈之举。③ 红脯鸟呢，当然也在众食客之中，不过它们总是两只或三只共吃着一只桃子，绝不胡乱糟蹋。这使我对它们心生爱怜，在驱赶别的鸟儿的时候，特对它们网开一面。红脯鸟一定是感激地看出了我对它们的特殊优待，于是吃得更加细心，竟能将桃子啃得一干二净，使枝上突兀着几颗不存一丝果肉但并未断蒂的桃核儿。我看了看，桃核儿周围大部分地方皆是一片虚空，几乎都没有什么落爪之处。我于是惊讶地想了又想：它们难道是一边扇动着翅膀，一边在啃吗？这不是辛苦得太让人难以想

❶ "赶紧"一词表现了"我"对红脯鸟的喜爱，生怕它们离开。

❷ 作者采用独特的视角，把红脯鸟当做种下的无根茎的红玫瑰，来去自由的红脯鸟为小院子增添了动感的美，字里行间充满了对红脯鸟的喜爱之情。

❸ 此处描写了红脯鸟吃得非常细心，绝不胡来。与前文各色鸟雀争食时胡乱糟蹋，形成对比，引出下文"我"对红脯鸟的爱怜与敬重。

象了吗？哦，这美丽的鸟儿！

一日，我们上街吃了顿饭，桶里没攒下多少水，我回家之后，透过玻璃窗，刚好看见三只红脯鸟口渴难耐地站在桶沿边，一次又一次地伸长了脖子，向下试探；但水太少了，只有少半桶，它们硬是无法够到。但大约它们渴得实在太厉害了，再也无法隐忍，明知够不到，却还是越来越焦灼地频频试探，结果一只红脯鸟一不小心，竟掉入桶中了。我听见它一定是一落入桶中就沉入水中了，我听见它在不断地扑腾着，挣扎着，而桶里空间太狭窄了，它竟无法重飞起来。我心里好急呐，可是，偏偏在这时候来了快递邮件，等着我签收，我无法立即出去施以援手。我边签收边扭头看，看见另两只鸟儿忽然全都蓬起了浑身的羽毛，烈焰一般先后冲进桶里，义无反顾。接下来是一阵让人揪心的竭尽全力的繁响和鸣叫。不用说，它们是在勇敢地搭救它们的妻子或者丈夫或者仅仅是朋友。及至我迫不及待地扑到水桶边的时候，三只泡在水中的红脯鸟虽然还有些互相往出推拉的意思，但都已奄奄一息。我很为自己的行动迟缓而愧疚。① 我心痛地颤抖着双手把它们掬了出来，小心地把它们湿淋淋的身躯放在桌子上，并用干毛巾轻轻擦拭了一会它们的羽毛，然后让太阳照晒着它们。说来实在万幸，不久，它们竟都恢复了生意，而且，又过了不多一会儿，它们竟都重新飞上了天空。

我欣喜地目送着它们。我心上对这些勇于互救的鸟儿涌出了深深的崇敬之情。② 至此，我才算看到了

❶ 描写了"我"担心它们的安危，"颤抖"表现了"我"对红脯鸟的怜惜和愧疚。

❷ 文章最后以作者的感悟结尾，升华了文章的主题。红脯鸟的美不仅在于外表，更在于精神；红脯鸟的这种精神亦是我们人类需要学习并实践。

它们全部的美丽。那是一种高情远致的绝美。我觉得它们的羽翅上浮漾着天地灵气和日月精华，浮漾着我们这个世界赖以活泼赖以生生不息的最为芬芳的精神元素。

延伸思考

1. 文章中为什么要写"各色鸟雀"？

_____

_____

2. 联系全文，说说"绝美红脯鸟"美在哪些地方。

_____

_____

3. 本文的结尾引人深思，请说说文章最后一段的妙处。

_____

_____

小洋槐

名师导读 ▶

　　洋槐树是北方常见的一种树木，而作者却详细描写了这极普通的小洋槐树。正是这棵小小的洋槐树用自己的全身力气绽开花朵，用柔弱的身躯经受住了鸟儿的压迫，从而赢得了人们的喜爱与敬佩。作者写作角度独特，开篇标新立异，令人印象深刻。

　　仿佛过春节的时候，看见叔叔伯伯们都在燃放爆竹，爆竹声噼里啪啦，传遍东南西北。看着看着，它眼热了，心动了，忍不住了，多么急切地希望这世界上也能够有自己的声音，于是，歪歪趔趔地跑上前去，伸出它的白胖胖的小手，也点响了一串鞭炮。

　　①我说的是一株小洋槐。小洋槐，开了一串鞭炮似的花儿。

　　展眼望去，别的洋槐都很高大，它们的树干都有

① 此处一句话点明了叙述的对象，并生动地描写了洋槐花儿的可爱样子，使读者恍然大悟，这样写形式新颖，印象深刻。

106

一搂粗，斜枝横杈互相交织着，纠挂着，上面是层层密密的绿叶和重重叠叠的花串。有的树根裸露在顽石间，更显示了它们的有力和强悍。风吹来，它们的枝叶就像大海的波涛翻滚；如果走进林子里去，就像遮天夜幕降临，到处黑黝黝的。而这株小洋槐，实在是够小的了，够纤弱的了：树干不足一米高，筷子般粗细，赤条条的，上面还没生出一条枝杈，只挑着稀稀落落的几片叶子。① 可是，它却是十分好强的，当别的洋槐开花的时候，它居然也开了花儿！

显然，小洋槐是使尽了全身的力气，才开出这花儿的。

别的洋槐都有悲壮的经历，不屈的性格。雷电，轰击过它们；狂风，撕扯过它们；暴雨，抽打过它们。至今还可以看见，它们的身上伤痕累累，疤迹斑斑。有的粗壮的枝条不知在什么年月已被折断，枯死了，却依然悬在树上。但是，它们却不曾倒下，反而以虽然衰老却越发顽强的精神，挺立在山河之上，蓝天之下。而这株小洋槐，压根儿不知世间还有什么磨难，它的心灵明净得就像一颗露珠。但是，它们都开了花儿，尽管那花儿的数量悬殊是那么巨大。

② 要说少，小洋槐的花儿真够少了，只有可怜兮兮的一串。不过，这一串花儿硬抵上一个神奇的砝码，使天平的那边立时失去了分量——人们纷纷把目光调离别的洋槐树，而一律投向这里，议论说：花串上有花儿，还有待放的苞儿。说：花儿通体雪白，苞儿是些小角角，底部淡绿，上端才泛了白色。说：这花儿

❶ 描写了小洋槐虽然很纤弱，但绝不甘于落伍，也跟其他洋槐树一起开着花儿，表现了小洋槐的坚韧与倔强。

❷ 描写了小洋槐开得花儿的数量之少，但就是这可怜兮兮的一串洋槐花儿，却吸引了人们的目光，引来了人们的赞叹。

① 这里独句成段，具有强调的作用，描写了小洋槐树以柔弱的身躯，经受住了鸟的压迫，体现了小小洋槐树的坚强。

多可爱，啧啧！

游人走远之后，其中一人忍不住回过头来，只见一只小鸟落在小洋槐上，小洋槐被压弯了腰，抖动着，抖动着，像是要折了的模样，但是，最终还是挺住了。

① 它站得笔直。

小鸟在唱歌。

延伸思考

1. 文章开篇描写"白胖胖的小手，也点响了一串鞭炮"，实际上描写的是什么？

_____

_____

2. 从洋槐树斑驳的身躯，可以看出它经历过哪些磨难？

_____

_____

3. 作者在描写小洋槐没有经历过磨难的时候采用什么修辞方法？把小洋槐的心灵比作了什么？有什么作用？

_____

_____

第四辑 情深浅语

半世纪前的某年某月，有一批血气方刚的艺术家，把"山丹丹"这个口语里、民歌里才有的声音，从民间的唇上搬下来，让它第一次以文字的形式，开放在中华民族的典籍里面。那批艺术家是延安鲁艺的人。我那时年小，并不知道此事，不过我却知道，山丹丹是我们陕北一种极好看的野花。

【2019年山东省淄博市中考】

阅读下面的文章，完成各题。（18分）

小区的喜鹊

刘成章

①我在京城紧靠朝阳公园的这个小区住了下来。这儿一幢幢高楼如山耸立，楼下如宽阔峡谷般的院子绿树成荫，要是站在我住的二十层楼看下去，那数不清的绿树就像一条河，从小区的楼隙流出去，又流过别的小区的群楼间，树冠的浪起起伏伏，蜿蜒奔涌，溅我满目诗意。更让我感到欣喜的是，我下楼去散步的时候，居然听见了喜鹊的叫声。

②我抬起头来，举目四处寻觅，终于循声看见喜鹊了——那黑白二色的美丽天使，有两只，一前一后翅膀一夹一夹地飞着，拖着长长的尾巴。是的，它们是黑白二色的绝配。我想，它们的黑，来自夜的深沉，它们的白，来自昼的精髓——美得仪态万方！

③以后我就常常看见它们了。它们一定是一对恩爱夫妻，夫唱

妇随，琴瑟和鸣，形影不离。

④喜鹊不像鹰。鹰有些冷峻、孤傲，总是远离滚滚红尘，贴着蓝天飞翔；而喜鹊好像是上苍专为人类设置下的世俗朋友，总是撵着人类的气息，安居在人类的聚居区里。

⑤我发现，小区一棵高高的柳树上，树的枝叶间，有它们筑下的一个朴素的窠。那是用干树枝筑就的，用现代眼光来看，是很有些艺术品位的。

⑥有一些日子，不论旭日东升的早晨，还是彩霞欲敛的傍晚，抑或是细雨霏霏的正午，喜鹊总是围着这窠忙碌着，就像淳朴的乡人，就像那些人中的丈夫和妻子，一天到晚总在家的周围忙活不停。那些日子，它们想必是在繁衍和喂养着它们的雏儿，我没能看到它们的雏儿是怎么出窠、怎么飞上天空的。我只是突然发现，这院子的另一些树上，树的枝叶间，也有了一团黑疙瘩，我立即明白，是它们的儿女另立门户了。

⑦渐渐地，这大院里便有了好几对喜鹊夫妻，每一对夫妻都是那么好看那么年轻，分不清哪对年长哪对刚刚度过蜜月。它们身上呈现出一种独领风骚的简约美。它们就像一幅水墨丹青，黑的是墨，白的是未曾落墨的宣纸本色，如出自齐白石之手。大道至简，它们就存在于古朴的哲理中，自然淳朴，亲切随和。它们整日活跃在绿树上下，大门内外，即便飞得很远很远，即便渺若针尖，也让人一眼就看到一个个黑白交加的灵魂的颤动。

⑧它们总是在人们目所能及的地方，一前一后翅膀一夹一夹地飞着，拖着长长的尾巴。它们有时从一棵树飞向另一棵树；有时从树上飞下来，贴着地面飞上一截，然后就落下来，觅食，草籽、花瓣、虫子，或者是孩子们口里掉下的一星两星的饼干屑。它们有时唱瘾

勃发，嗓门实在够大，尾巴一翘一翘，唱得好不得意好不张扬，管叫全小区每个人的耳朵都装满它们动听的音波。它们时刻相伴而行，有时候偶然看见一只独行，但是用不了几秒钟，另一只马上就飞来了。它们夫妻俩好像永远被一根无形的绳子拴在一起。这样的夫妻之爱，我们人类恐怕只能甘拜下风，自叹弗如。

⑨喜鹊们的欢叫大多在气温舒适的时候，要是在天气燠热的大晌午，喜鹊们便闭了嘴，息了声，沉默着，或翘一下尾巴，或低头叨一口爪下的什么，静静地钻在树林里面。但它们毕竟是生性好动的鸟类，只要暑气稍稍消去一些，它们就又会从林间一前一后翅膀一夹一夹地飞了出来，一块随便落在什么地方，又一声接一声地叫开了。这样的时候，它们往往深情地一唱一和，但唱着和着，却又在不经意间，忽然转换为另一种调式——出声很短，都只有一个音：喳，喳，喳，喳。

⑩它们这样的唱和，像人们的夫妻间唠着一些事情：关于柴米油盐、孩子上学，或是小长假要不要出去旅行……虽不炽热却绝不寡味，恩爱自在里头。

⑪有一天，我正在二十层楼的居室接待远客，猛回眸，一只喜鹊居然落在我露台的短墙上了。我们的眼睛都像电灯一亮。我说："不知咱们今天有什么喜呢？"

⑫朋友颔首微笑。

⑬通常，喜鹊总是在树林中穿梭飞翔，其高限只是三四层楼高。今天，它是怎么了？它是凭借了什么样的魔力，什么样的方式，什么样的升高轨迹，居然飞上了二十层楼之高，如威武的鹰隼立于崖顶？是一时的心血来潮，还是作了长时间的精心准备？不得而知！

⑭我问朋友："你说说，这喜鹊为什么要飞上来？这露台一没有

草籽，二没有虫子，三没有水，它为什么要飞了上来？"

⑮朋友略加思考，说道："它想看一看广阔的北京市景。"

⑯朋友的回答竟和我的内心不谋而合！这些喜鹊，或许有它们不可小觑的精神世界。

（选自《光明日报》2018 年 7 月 20 日，有改动）

1.阅读全文，请根据你的理解，用 "//" 把文章划分为两个部分。
①②③④⑤⑥⑦⑧⑨⑩⑪⑫⑬⑭⑮⑯（2 分）

_____

_____

_____

2.文章写喜鹊，多次用到副词 "总" "总是"，结合下面的语句，说说作者这样写的用意。（3 分）

①而喜鹊，好像是上苍专为人类设置下的世俗朋友，总是攒着人类的气息，安居在人类的聚居区里。

②喜鹊总是围着这窠忙碌着，就像淳朴的乡人，就像那些人中的丈夫和妻子，一天到晚总在家的周围忙活不停。

③它们总是在人们目所能及的地方，一前一后翅膀一夹一夹地飞着，拖着长长的尾巴。

④通常，喜鹊总是在树林中穿梭飞翔，其高限只是三四层楼高。

_____

_____

_____

3. 文章第④段写"喜鹊不像鹰"，第⑬段却写喜鹊"如威武的鹰隼"，作者为什么要这样写？请结合语境简要分析。（3分）

_____

_____

4. 看到飞到二十层楼之高的喜鹊，文章连用五个问句写了"我"此时此刻的复杂心理，请揣摩分析并写出。（5分）

_____

_____

_____

5. 文章最后两段意蕴丰富，请谈谈你的理解。（5分）

_____

_____

_____

浅 春

名师导读 ▶

　　刘成章的这部作品描写了"浅春"的特点，文章采用比喻、拟人和对比的修辞手法，体现了"浅春"绿得恰到好处的景象，生动形象地刻画了浅春的特点，为读者展现了黄土高原上春回大地、万物复苏、生机勃勃的景色。我们快去鉴赏一番吧！

　　① 春深了的时候，满眼是绿，绿，绿，满眼是墨绿，满眼是雷霆也炸不碎的绿；今天如此，明天如此，后天亦复如此；万物都是踌躇满志的样子，万物都似乎懒得再动一动了。那，有什么好呢？

❶ 作者开篇描写了"春深的时候"的墨绿，引出了下文对"浅春"的描写，并使"深春"与"浅春"形成对比，衬托"浅春"绿得恰到好处、令人鼓舞。

❶ 这是一个过渡段，引出下文对浅春的描写，写出了作者的喜悦。描写的是春回大地、万物复苏、生机勃勃的景色。

❷ 这里运用比喻、拟人、排比的修辞手法，生动形象地描写了绿芽萌发时的勃勃生机，蕴含着作者的喜爱与赞美之情。

① 眼前可好，是浅春。

这浅春，猛一看去，山是灰黄的一片，树是灰黄的一片，仿佛要使人失望了；可是细瞅那山的坡塄上，树的枝丫间，也有绿：初起的绿，惊醒的绿，跃动的绿。这绿虽然不多，却给人十分有力的点化。仿佛到处都闪烁着一些什么信息。仿佛到处都包藏着一些什么暗示。它使你不能不像孩子一样，想跑，想跳，想探明一些什么奥秘。而当你甩开胳膊迈开腿的时候，你浑身的每个关节，好像都在情不自禁地歌唱了。

起风了，你向前走去；下雨了，你照样儿向前走去。因为你知道：那初起的绿，惊醒的绿，跃动的绿，风雨，是抹不掉的；它们只会在风雨中健壮起来，繁衍开去。

看看这片风雨中的草坪吧！一簇一簇细长的枯叶，仍然长在地上，像拖把上的烂布条条一样，厚厚地堆了一层。连雨珠儿的晶莹装饰也不能使它变得稍许好看一些；② 而就在这枯叶的缝隙，像阳光射穿僵死的云层，像琴声飞出残破的窗口，一支支鲜活而刚劲的绿芽，于腐朽间，于疮痍中，冲出来了！窜出来了！拼着博着站起来了！枯叶就像是一片废墟，而绿芽就像蓦然矗起的幢幢高楼；枯叶就像是一片荒漠，而绿芽就像是直指云天的枚枚火箭。这情景，立时给人一种十分强烈的新生的感觉，崛起的感觉，不可抗拒的感觉。

夜里，真冷。你不能不生起炉子，蜷缩到被窝里去，连胳膊也须盖得严严实实。你不由想起古人"乍暖还寒时候"的诗句，对我们祖先的绝妙概括发出由衷的赞叹。第二天早晨出门一看，嗬呀！地上竟铺着霜了！一些绿芽也被冻成蔫溜溜的样子了！

可是，忧伤的情绪还来不及散开的时候，强占你心头的，却又是一片喜悦。在暖洋洋的太阳光中，那些被冻蔫了的绿芽，又都恢复了充沛的生气。而且，就在山崖下那蓬荆棘丛中，出现了更加令人鼓舞的新意——开了几朵金灿灿的蒲公英的花儿。在那儿，闪耀着多么鲜亮的奋斗者的欢欣！

这时候，你的心上会生出些什么样的欲望？^①你难道不想让蓬勃向上的精神注满你的周身，去探索，去创造，去促使这时代像浅春一样，变幻出愈来愈美的色彩吗？

❶ 文章最后以反问的手法结尾，增强了肯定的语气，鼓舞我们要像"浅春"一样，充满蓬勃的力量，拥有拼搏的精神，用我们自己的热情为时代的建设贡献出自己的力量。

延伸思考

1. 在文章中，作者主要抓住了"浅春"时的什么特点来写？

_____

_____

2. 文章的题目是"浅春"，为什么开头却写了"春深的时候"？

_____

_____

带着风声的花

名师导读

刘成章的这篇《带着风声的花》描写了生长在陕北山野的一种极好看的花——山丹丹花。作者采用雅俗共赏的语言，以及拟人、比喻、排比等多种修辞手法，细腻刻画了山丹丹花的美丽外表，以及它不畏困苦、执着信念的精神品格，让我们一起去领略山丹丹花的独特魅力吧！

❶ 文章开篇采用独特的视角引出了"山丹丹"，从口语到文字，体现了"山丹丹"在人们心目中质的变化，为下文做了铺垫。

① 半世纪前的某年某月，有一批血气方刚的艺术家，把"山丹丹"这个口语里、民歌里才有的声音，从民间的唇上搬下来，让它第一次以文字的形式，开放在中华民族的典籍里面。那批艺术家是延安鲁艺的人。我那时年小，并不知道此事，不过我却知道，山丹丹是我们陕北一种极好看的野花。我越长大就越感到惊异，惊异于在我们陕北那么穷苦荒凉的土地上，居然能生出如此高雅如此绮丽如此奢华的花！

有一年炎热的夏天，我们几个七八岁的娃娃，终于大着胆子结伴上山了。山上放眼看去好壮阔呀！虽然山上山下不足十里的路程，但我们好像到了另一个世界。一片一片的云，一湾一湾的水，糜谷风带着沁人肺腑的清香，咻溜溜地吹过重重山梁，我们的衣裳和头发也被吹得就像活了。我们在欢笑打闹中爬上跳下。① 跑了好久，到了一道不长庄稼的荒草坡，那儿烈日照不上，我们就坐下乘阴凉。忽然，我们中的一个娃娃大声喊叫：山丹丹！应着喊声，我们一双双眼睛倏忽一亮。啊，真的是山丹丹！在不远处的畔上，好红好红！我们就一起跑过去，看了又看。我们还一齐趴在那里，伸出各自的小黑爪子，拱成一个花盆儿，而山丹丹就像栽到里边了，在花盆里迎风迎雨，快乐地生长和开花。

② 后来，有个同伴提议：咱们把这山丹丹挖回去栽上。我们都觉得这是个好主意，就捡了几块小石头当工具，把它连根儿挖了出来。我们第一次见到它的根，它的根就像一疙瘩大蒜头。回家后，我们就把它栽到村前的一个石崖下了，并且浇了不少水。我们都心想，这下，山丹丹真的能在那儿迎风迎雨，快乐地生长和开花了。

光阴飞逝数十年之后，我在创作笔记里写下这样一段文字：③ 在陕北的百花中，山丹丹最爱睡懒觉，开花最晚，但它是最有主意、最沉稳的花。春二三月铁牛吼，黄牛也吼，它却翻个身又睡着了。四月、五月、六月，青蛙击鼓吵它，小河弹琴闹它，黄鹂梢头叫它

① 此处侧面描写了山丹丹花的生长环境，山丹丹花在阴暗荒僻的环境中生长，象征了陕北人在灾难频仍中坚毅执着的精神气度。

② 文章描写了作者小时候移栽山丹丹花的故事，作者不惜笔墨，渲染了他们对山丹丹的强烈喜爱之情。

③ 这里把山丹丹花期迟说成最有主意、最沉稳。铁牛吼，青蛙吵，小河闹以拟人的修辞手法，让不同季节的事物与山丹丹建立起人际关系，平凡的事物变得神奇起来，山丹丹习性得到艺术化表现。新颖活脱，化腐朽为神奇。

快醒醒，千树万木大声呼唤，它也还是不醒不开。然而到了七月半，烈日猛地发威，炙烤得万物垂头打蔫，土地也往往干裂，这时候，山丹丹就赶紧起床，而一听到雷声隆隆起身播雨，它就以开花回应，赶紧给雷电探寻目标，哪一带需要雨，它就在哪一带摇摇自己的花朵。于是酷热的大夏天，往往就像菩萨打开了甘露瓶儿，喜雨纷纷洒下。

但在我幼时的那些日子、那个石崖下，隔了几天再去看时，我们栽下的山丹丹早已枯死了。山丹丹虽然死了，我们的心却不死。以后好多天，我们都会上山去挖山丹丹，挖来就栽，以至于一些大人都说，你们这几个小鬼真有恒心啊！这当然是赞美的话。也有人看见我们就说，咳！这些娃娃哈，真是喝了迷魂汤啦！

①我们挖了栽，栽了死，死了再挖、再栽，再死、再挖。但我们终未能栽活一棵！这下我们灰心了。那时我们的语文课本上有两句歌谣：我是小八路，生来爱自由。我们便认为山丹丹就像小八路，是最爱自由的花儿，只能让它生长在山野里，挖到家里是根本无法养活的。

读大学时，我的知识增长了，知道山丹丹还有野百合、红百合、细叶百合等学名，但我只想继续叫它山丹丹。我觉得陕北的风雨雷电、百草虫蚁都叫惯了它，我也叫惯了它。山丹丹是我们的祖先给它取的乳名，我看见山丹丹就像见了幼时朋友，叫乳名才能表达出我满心的情意。

❶ 描写了作者再三挖、栽山丹丹花而花没有成活的情景，可以看出作者的执拗精神，也体现了山丹丹花是酷爱自由的一种花，喜欢生长在山野之中。

每逢暑假回到陕北，我感到最幸运的事，就是能看到山丹丹。①而暑假之时，山丹丹也正好刚刚开放，朵朵新鲜炫目。啊，你看这边的山沟里，好像地心的一滴岩浆溅出来了！你看那边的背洼上，好像仙女的一点胭脂落下来了！啊，好红好红的花，又有绿叶衬着；红有红的鲜嫩，绿有绿的脆甜。②我曾看见一只山羊走近它，但山羊并没有啃它、吃它，我想山羊一定是不忍吃或舍不得吃，山羊虽然没读过大学中文系，但它从小看窗花、听民歌，在陕北这浓郁的民间文化氛围中，它一定也学会了一些审美。

随着岁月的流逝，我越来越对山丹丹抱以浓烈的感情。我常想，陕北高原不但英雄辈出，而且会剪窗花的巧媳妇儿辈出，山丹丹是散落在草丛里的窗花；山丹丹属于陕北的大地河流，陕北的大地河流绝不能没有它；山丹丹是有灵性的，是可以和生活在这里的人们作心灵交流的。有一年在我乘车去榆林的路上，司机有事下车了，我坐在车里等着。③不意间看见一个正在行走的农村婆姨猛然停了下来，顺着她的目光看过去，那儿是一棵开得红亮的山丹丹。我看见那婆姨站定仔细地观赏起来，而在观赏的过程中，她就像得到了一种神启，或者得到了一种提醒：女人就是要俊要美！尽管她的穿着打扮可谓漂亮整洁，她还是捋了捋头发，又把衣襟再往好地拽了拽，然后才又迈步上路。这山丹丹，给了陕北人多少爱美的情愫！

去年的一天，我和幼时的几个同学聚餐，说起当年的种种事情，大家都是满怀兴致。其中一个女同学

❶ 文章描写了山丹丹花开放时浓丽的色彩，色彩的对比，极富生命力，给人以无穷的想象。

❷ 此处作者采用虚实结合的方法进行描写，实写山丹丹的美；羊舍不得吃它为虚写，表现了山丹丹花确实非常美。

❸ 作者借物抒怀，将自己的审美情感和审美思想寄托在山丹丹这一艺术形象身上，在表现其自然特征及其精神内涵过程中，融入对山丹丹花的挚爱、崇敬、赞美之情。

忽然问我：那年你成天上山挖山丹丹，后来栽活了没有？啊，她居然还记得这件事情！我说，嘿！折腾到底也没种活一棵。一个男同学过了会儿却说，怎没有呢？你种活了一棵最红最大的！我望着他纳闷了。他便又说，《山丹丹开花红艳艳》啊！哦，他原来说的是这首歌曲。我便说，可不敢那么说啊，那花不能说是我种的，人家是个创作集体，我当时不在那个集体里头，只是给人家出了个点子，提供了一本资料。那同学说，要是没有你，那歌会产生吗？我说，那倒也是，他们原来写的是另一种东西。

在欣慰之余，我拿出了手机上拍摄的山丹丹，立即发给他们。那个男同学回去之后让我配上一句话，我这样写道：感谢老同学，你还记得我曾经给其中的一朵提供过种子。

犹记得 20 余年前，我还相当年轻，在黄河畔上遇到过一个奇人，他对山丹丹具有特殊的感知能力。①不管是坐在汽车中，还是走在山路上，只要附近有一朵山丹丹，他就好像长了三只眼或四只眼，马上会看见它。假如他的眼睛忽略了山丹丹别异的花香，他的鼻子也会闻到。有时候，即使山丹丹正在杂草间悄悄打苞，他居然也能发现，他的心好像能感应到山丹丹打苞时的稀有频率。我有次和他交谈，他说，山丹丹不避阴暗，不嫌低微，总是和杂草们混生在一起，往往越是苦焦的穷乡僻壤，越有它的身影。②在往昔那漫漫的长夜里，它就像杨白劳买回的二尺红头绳，就像一杆红旗突然飘扬在高高的永宁山上！很难想象，

① 此处详细描写了这位奇人的特殊的感知能力，可以看出这位奇人对山丹丹花的酷爱，以及他对山丹丹花特殊的感情。

② 文章中把山丹丹比作红头绳和红旗，将其不怕穷乡僻壤、倔强开放和不畏困苦、执着信念的精神品格表现出来，形象生动，蕴含深厚。

如果没有它，我们陕北这块灾难频仍的土地，怎么能够撑持下来？

他又说，请问你这个作家，你对山丹丹有什么独特的感受？

①我说，一般的花儿，模样大体都是婉约的、娴静的、秀气的。而山丹丹其状大异，它们虽然不失花的温柔，却又好像带着一股刚健的风声。你看它们的六片花瓣都向后反卷着，像一只只飞着的、双翅并拢的鸟儿，或者朝前射去，或者向下俯冲，力量遒劲，气势凌厉，直逼人心！它们以凝聚在花瓣上的勇气、汗气、血气昭示人们，明白无误地昭示：最美丽的姿态，是奋飞起来！

① 文章以作者回答奇人问题作为结尾，其实是对山丹丹花精神品格的揭示。作者对山丹丹形象的认识经历了由外到内的过程，情感也由无比喜爱升华为无比崇敬、由衷赞美。点明了文章的主旨。

延伸思考

1. 作者围绕山丹丹讲述了什么？

2. 结合上下文，请简单描述山丹丹花的特点。

3. 本文以"带着风声的花"为题有什么含义？

七月的雷雨

名师导读 ▶

　　刘成章的《七月的雷雨》为读者展现了一场说下就下，说停就停的暴雨情景。文章运用比喻、拟人、夸张等修辞手法，以及短句的形式把雷雨时的情景描写得惟妙惟肖。另外象声词使用让读者有身临其境的感觉，值得一读！快跟随作者的笔端去鉴赏一番吧！

❶ 文章开篇点明时间是七月，并采用拟人的修辞手法，生动地描写了太阳如猜拳的莽汉没有准头，处处都炎热异常，为下文作铺垫。

　　登上山顶看陕北，最是壮阔。无论向哪个方向看去，都是一样平的茫茫山顶，一样密的层层叠叠，浩瀚无边。

　　①这时候是七月，七月流火，太阳像一个喝酒猜拳的莽汉，他喊出的每一声酒令，都使高原滚着烈焰。

　　然而天上没着火，天还是蓝的。在蓝色天空的很远很远的地方，飘浮着几片云彩。那云彩像坐在纽约街头的流浪汉一样，他也许在打盹，也许在弹琴，但因为很远很远，应该和我们没有什么关系。

　　山畔上的野花蔫蔫地开着。野兔急急地寻找着食物。一只土黄色的小蜥蜴，哧溜一下窜进浓密的马茹子丛中去了。

　　牛在低头吃草。放牛的庄稼汉光脊梁躺在柳树下边，忘情地听着半导体收音机里的戏曲节目。

　　①忽然间，天上格巴巴响了一声雷，干硬的雷。望晴朗碧蓝的天空，雷是从哪儿响起的呢？

　　格巴巴！隆……它的第二声又响了，仍然干硬干硬。这下看清楚了，雷声伴着闪电，它就响在很远很远的那几片云彩上。

　　接下来，在那几片云彩上，每隔一半分钟就格巴巴隆格巴巴隆地响一声，如折裂一根根其大无比的干柴。茫茫山顶平展展地无遮无拦，干硬的雷声便特别的浩大，满满地充塞在天地之间，震荡着千里万里。那是天震啊——天震！

　　天震！与之相比，世界上的一切声音都显得微弱苍白。

　　但寻思，不会下雨的，干响。

　　遂继续欣赏风景。格巴巴的雷声伴奏着，黄土高原的每一道梁，每一座峁，都元气沛然，紧绷肌腱，一副亟欲弹跳的模样。

　　但雷声更紧更响了。抬头看时，那几片云彩已变成了黑的，又凭空生出许多黑云，都向这边跑来。跑马云彩。云彩跑马。马蹄何铿锵，踩出八千闪电；马背何巍巍，驮着十万雷声。②哗地一亮，轰隆，格巴巴巴巴！哗地一亮，轰隆，格巴巴巴！

❶ 描写了晴朗的天空响了声干硬的雷，即刻打断了沉闷的天空，这是雷雨的前兆，引出了下文。

❷ 此处重复连用三个象声词，采用反复的手法，描写了大雨即将降临前的雷声。

125

那云，才知那云绝不是纽约街头的流浪汉，而是躲闪在我们身旁的超级大侠。它们一朝啸聚，威震八方。

天刹那间黑了，起了风，并且叭叭地开始落雨。

跑吧，赶紧找避雨的地方，或者村子，或者荒野石庵。但已经来不及了。雷声就像炸在脑门，闪电就像劈在脸上。脑门和脸上墨汁一片，那是被黑云所涂染。黑云那么厚重（如大山一样），那么低矮（似离地三丈），只是眨眼工夫，已经填满了整个天空，压在头上。雨也随之倾倒下来，浇透了衣衫。慌忙蜷缩在什么地方，要多狼狈有多狼狈。

随着格巴巴一声，一个绯红的火球在山峁上迅急滚了一下，照得天地贼亮，倏忽炸得粉碎，无影无踪。天又昏暗如前。雨点子如黄豆，如杏核，如核桃。它们摔下来，砸下来，捣下来，汇成凌厉军团钢盔滚滚冲向前，势如破竹。眼睁睁地看着一座山崖，还有山崖上的一棵小树，哗啦一下垮落下去了。

①好一个瓢泼大雨！好一个倾盆大雨！但风声阵阵在说：何止瓢泼何止倾盆，简直是一滴三桶！问风：云层上正在何干？是仙女们在过泼水节？是海龙们在开奥运会？抑或，是羽化了的陕北后生们在打安塞腰鼓，把天河踢开了窟窿？但即使是闪电在云层上划开一道那么长的缝子，风也难窥其一丝眉目。

②反正暴雨如倒。反正雨脚如麻。

雨脚跳珠，珠随水流去；水流滚滚，难扯断雨绳；雨绳成帘，雨帘成网，雨网网住了一切；云、山、树，

---

❶ "好一个"是对雨势的赞叹，"瓢泼大雨、倾盆大雨"连用两个成语，更加体现了雨势之大。

❷ 这里连用两个反正，是对上文雨势很大的肯定，"暴雨如倒、雨脚如麻"两个成语描写了雨量之大，之密，体现了七月雷雨之特点。

只能隐约看见。

雷。闪。惊雷如核弹爆炸，闪电似金蛇狂舞。惊雷闪电中，平地起水三尺；惊雷闪电中，坡上都是激流。茫茫高原，千山万山；处处溪涧，处处瀑布，处处奔流处处河。

最豪壮的是山底下的大小沟渠，它们一条条都是大浪汹涌、怒涛澎湃、气吞云天。

它们流入黄河，黄河一时成了亿万富翁。

①而雷电疯了，雨鞭疯了，雨鞭借着风势，以万吨之力，一个劲地直扫横抽。好像这世界，恒定是雨的天下了。好像人们将永无重见天日之时。

孰料这雷雨说停就停。孰料瞬间又还你一个晴天丽日。实在难以想象，雷雨怎么只在三四十分钟的时间里，就把它石破天惊的能量挥发干净了！

然而风真的住了，云真的退了，天真的晴了，雷雨真的说停就停了。再要找它，只有翻开大自然的编年史了。

拧干身上的衣衫，为没出什么岔子又领略了如此壮观的一幕而庆幸，同时再度欣赏风景。壮阔的黄土高原静悄悄的，好像什么事也没发生一样。只是，天更蓝了，悠悠地四散着一些云彩。②太阳撩开云纱脚步轻盈地走出来，变成一个新浴的美人。她一笑一个清新，一颦一个凉爽；一举手一投足，一个无尽的优雅，光彩照人。

❶ 此处采用拟人、夸张的修辞手法，生动形象地描写了雷电的猛烈和雨的密集，雨已经是不是落下，而是借着风势横扫，可谓之猛！

❷ 描写了雷雨说停就停，变化之快的特点，雨后阳光灿烂，大地一片光明，体现了七月雷雨的另一特点——下雨时间短暂，说停就停。

延伸思考

1. 阅读全文，概括七月雷雨的特点。

_____

_____

2. 文章中"那云彩像坐在纽约街头的流浪汉一样,他也许在打盹,也许在弹琴，但因为很远很远，应该和我们没什么关系。"运用了什么修辞手法，有何作用?

_____

_____

3. 赏析句子"然而风真的住了，云真的退了，天真的晴了，雷雨真的说停就停了"。

_____

_____

飘在夜空的乡音

名师导读 ▶

这篇《飘在夜空的乡音》是刘成章身在异国他乡时的作品。文章中的乡音不是来自家乡朋友的声音，而是夜空下各种虫儿不倦的鸣唱，文章大量运用排比、比喻、拟人等修辞，酣畅淋漓地抒发了自己客居异国，思念家乡的赤子之情，溢于言表，使读者产生共鸣，令人印象深刻。

暑气正随夕阳离去。月亮带着湿润和清凉，正从我们住着的山头慢慢升起。不管是我们的白人邻居还是亚裔邻居，他们都像我们一样，正在灯下吃着晚餐。①这时候，沉寂了一天的虫子，突然，唱起来了。

起先好像是在调弦试音，好像还有点儿害羞，总之，唱出的声音是滞涩的、缺乏光彩的，而且相当拘谨，接着，就唱得非常圆润非常动听了。

起先好像只是一只，两只，接着有了三只，五

① 文章开篇采用了衬托的手法，描写了温馨的夜晚，虫儿的鸣唱，使得夜晚更加和谐，点明主题，为后文作铺垫。

129

只的回应，继而，十只，二十只，八十只，一百只，千千万万只，只只唱和，只只不歇，直把整个山头，唱成了一座歌声连天的音乐世界。

❶ 这里描写了各种虫儿的各种旋律的叫声。作者采用比喻的修辞手法，以及各种象声词，把虫儿的叫声描写得活灵活现，具有先声夺人之效。

①起先曲调很简陋，很单调，除了"咀——咀——"，还是"咀——咀——"，接下来就不一样了，有的"唧格，唧格"，有的"唧唧令，唧唧令"，有的"哑哑哑哑哑哑"，有的"格哩哩，格哩哩"。有的低吟浅唱，有的纵情高歌，有的像唱着调皮的谐谑曲。真是旋律各异，流派纷呈。

被虫子们的精彩演唱所诱惑，我再也耐不住了，三口两口刨完碗里的最后一点儿米饭，与妻子拉了家犬牧牧，匆匆走出门去。

妻子说："嗬，今晚月光这么好！"

是的，月光好极了，还有一丝两丝的风游来游去，草尖上闪着颤颤的露珠。但对我来说，它们仅仅是一些可有可无的背景，一些无关宏旨的陪衬，在这里，我倾心的焦点只是虫子的歌唱。

❷ 作者一句话点出了虫子叫声的重要意义。作者身在异国他乡，周围不乏各种语言，但只有虫儿的叫声是不分国籍的，作者听到虫儿的叫声，犹如听到了美妙的乡音，思乡之情溢于言表。

②在我的内心深处，虫子的叫声不但美，而且有着十分重要的内涵。生活在这远离故国的地方，由于人家都讲英语而我不懂英语，和任何邻居无法交流，感到非常憋闷。而虫子不讲英语，这儿虫子的语言和我们中国的完全一样，我句句听得懂、听得动心。我并且惊喜地发现，虫子也仿佛乐见我，它们仿佛为我的来到而举行盛大的艺术节。那么，就让我在这清风明月之中，怀着一种至纯至真的美好心绪，尽情享受乡音似的艺术的爱抚吧！

啊！——

①真是每一家的台阶下都有虫子的音乐会。真是每一步路上都有虫子的琴声和歌声荡漾。真是每一块石头下都飘出欢乐之声。山野草际间，无处不是乐池，无处不是舞台，无处不展露着艺术才华和生的喜悦。

我一边走，一边默默赞叹——

②给小路镶了花边的虫声啊！
又密又厚铺满了房前屋后的虫声啊！
飘在夜空的大潮一样的乡音啊！
热烈、自由、浪漫和慰我乡愁的乡音啊！

据说这儿会振翅而鸣的虫子有好多好多，仅类似蟋蟀的就能数到七八种，如墨蟋、金铃子、油葫芦，等。然而它们全都是只闻其声不见其形。现在，在我们跟前叫得这么清脆的是什么虫子呢？我和妻子很想知道，牧牧亦然或者更甚，它不待我们弯腰察看，已经蹑蹑蹑爪地侦察着了，继而将头伸向草丛，屏息搜寻。③不过，虫子却像魔术师一样，已经跑到那边叫了，但牧牧追到那边我们刚追到那边，它却又返回到原来的地方。后来，我们又追，这时候它不但跑，而且变换着嗓门进一步挑逗我们，粗一声，细一声。哦，这淘气的东西夏夜的精灵！

这一晚我们在外边走了很久，待了很久。返回家里的时候，满身心都是难以言状的愉快。我开了卧室的灯，瞥见白色的地毯上有一个什么黑黑的小玩意，

❶ 这里作者运用短句和排比、拟人等修辞手法，描写了到处都有虫儿的叫声，到处都是虫儿展示才艺的舞台，体现了作者对虫儿鸣唱的痴迷。

❷ 此处作者采用短句的形式直抒胸臆，表达了作者对虫声的喜爱，以及浓烈的思乡之情。

❸ 这里采用比喻和拟人的修辞手法，生动地描写了虫子可爱、淘气样子。作者把虫儿称为"夏夜的精灵"，赋予了虫儿感情，体现了作者对虫儿的怜爱。

好像是纽扣之类的东西。弯腰一看，竟是一只蟋蟀。哦，只闻其声不见其形的虫子啊，它知道我因为不能一睹它的芳容而很有些遗憾，现在，它终于撵来向我展示着它的丰采了！① 它拢着黑得起明发亮的腿和翅，静静地趴伏在那儿，似乎在等待我向它发出一声动情的欢呼。但当我的欢呼声刚刚响起的时候，它却猛然弹起身来，一跳一跳地跳出屋门，又沿着楼梯跳下去了。——跳下去发出一声美丽的短吟。

妻子催我睡，但我兴奋不可自持，遂坐于台灯之下，电脑之前。于是，虫子又在我的键盘上鸣叫了。

❶ 一句话将趴在地毯上的蟋蟀刻画得淋漓尽致，并采用奇特的联想，赋予了虫儿人的感情，使画面有了灵性。

延伸思考

1. 文章题目"飘在夜空的乡音"实际上指的是什么？

2. 文章第三自然段中多次运用数词和量词，有什么作用？

3. 文章第五自然段"我再也耐不住了，三口两口刨完碗里的最后一点儿米饭，与妻子拉了家犬牧牧，匆匆走出门去"。"刨完"一词体现了作者的什么心情？

秋的文章

名师导读 ▶

　　刘成章的这篇《秋的文章》别具一格，作者用黄土高原上一组组物象景观，一连串世态人情，淋漓尽致地表现出丰收季节的大地风貌和人们的喜悦之情。文章描写细致入微，其间插入议论和抒情作为点睛之笔，富有特色和生活气息的方言，凸显了浓郁的地域特色，快让我们一同去体味一番吧！

　　①秋风起了的时候，炽热的酷暑隐退，黄土高原的广阔天空清清爽爽。碧蓝的天上，七八片白云悠悠。像有什么东西在远天闪现，先是缥缥缈缈，不可捉摸；接着有了影子，有了起伏，有了节奏，一声一声地明朗起来、清晰起来——那是大雁的歌。呵，高高的天空，大雁飞过，"一"字、"人"字飞过。

　　"一"是汉字，"人"也是汉字，那是仓颉创造的字，

❶ 文章开篇点题，点出了秋天来了，秋风吹散了夏天的闷热，暑气退去，黄土高原的天空晴朗、明净，气候凉爽宜人。为下文作铺垫。

那是我们辈辈先人用过的字，那是我们字典里总是印着的字，那是连幼儿园的孩子们也会认会写的字。"一"和"人"，那两个饱含沧桑的字，擦着蓝天，唱着高亢明快的歌，在白云里向南方飞去。

❶ 此处描写了大雁飞过的形态，从大雁飞行时的形态写到"一""人"两字的丰富意蕴，转接自然，过渡巧妙，还深化了主题。

①"一"是什么？"一"是地平线，"一"是大地，"一"是一切物事的初始，有"一"才会有五洲万象。"人"呢，有灵魂，有意志，你看他，总是张腿站立，目光炯炯，神情专注，世世代代地为了生存为了幸福迎接挑战。

字形忽然变幻起来，那是书圣王羲之在运笔，底气浮漾、力道遒劲。笔锋上是大雁的翅羽挟着风声，墨迹渗着大自然的风韵。王羲之的笔下，是蓝天，是白云，是生命如歌似梦的演绎。

天空是简洁洗练的，可天空下的茫茫大地就很不一样了。秋的黄土高原脉络纵横，纷乱复杂。赤橙黄绿青蓝紫，软硬香辣横竖斜，各种颜色、各种味道、各种气韵、各种声息、各种姿态和各种果实，都经过了一春一夏的成长和韬晦，现在都不甘寂寞了，都显示出了强烈的表现欲。它们都想说些什么，唱些什么，争论些什么，压倒些什么，夸耀些什么，畅想些什么。它们都是有实力的角色，都有点君临天下的气度。

❷ 此处提到了多位名人的书法，这是想象的结果，也是为了展示"万类霜天竞自由"的郁勃生机，立意高远。

②面对这一切，闭着眼睛默默想，王羲之的书法也是写在地上的，但地上不仅仅是王羲之的书法，还有怀素的、颜真卿的、柳公权的、黄庭坚的、于右任的、鲁迅的、舒同的、赵朴初的、欧阳中石的，但书法上的字掉下来到处游移，它们混在一起，叠压在一起，

千笔万画有如密林里树枝的交错,乱人眼目,无从赏鉴。

① 咳,是乱了。

野藤如怀素的笔墨趴于槐树梢,老鹰像于右任的手迹琢磨着崖畔上的羊蹄印儿。杞果欲落,闲枝想舞,玉米棒子没有牙刷也想刷刷它着实可观的牙,显摆显摆,一只红狐跳了两跳,枯黄的向日葵回忆着青春。有人在石头边给收割机加油,婆姨爬上断墙不知在摘啥。还有些牵牛花刚刚钻出土来,它们误以为现在还是春天,兴高采烈地努力生长,准备开上几个月的鲜艳花朵。挑水的汉子忙里偷闲地往那里瞅了几眼,好像在嘲笑,又好像在品味。芝麻地里蝴蝶喝露水,露水珠里有它的影子。好多庄稼都低垂着头颅,似乎在请罪。错矣!它们籽粒又多又饱满的低头姿态,是大丰收的表现!老了的韭菜连驴也不理,好不哀伤。北漂回来的青年不太会干农活,穿着雪白的衬衣,鞋是名牌,说要去买些扎捆谷物的绳子。他边走边看手机,不料,被割下的几捆子荞麦绊得跌到一汪牲口尿里了。唉!白衬衣弄得臊气难闻,怎么上街?唉唉唉!

② 有的成熟,有的颓败;有的高挺,有的倒下;有的还在,有的却不见了。

③ 面貌乱了,色彩乱了,序列乱了。

眼前的景象乱哄哄的,很有点光怪陆离!

高原的大地原先可不是这个样子,这里原先不但像一场隆重的书法展览,而且像一篇好文章。它立意高远,内容青翠;行文上,谷子一层,糜子一层,玉

❶ 一个"乱"字,既形成了行文上的前后照应,又强调出秋的无限活力。

❷ 此处采用排比句,旨在告诉我们:在这不断变化的秋季,已成熟的作物被收割,未成熟的正生长,田畴变化日新。增强了语言的气势,使得情感的挥洒更加酣畅淋漓。

❸ 三个"乱"字,主要表现大地丰收的景象,眼前是令人眼花缭乱的收获季节,不同的庄稼竞相呈现不同的色彩,物产丰富,展现了一幅人们创造美好生活的图景。

米一层，高粱一层，向日葵一层，而且谷子、糜子、玉米、高粱、向日葵内部还分着细微的层次，豆类花生就是标点符号。真是有条不紊，眉目清楚，读起来非常舒服。可是现在，这文章就像在电脑上出现乱码了，无法卒读。

^①哎哟，的确很乱很乱了。

太阳的热汗有时还在冒，风的赤膊却穿上了衫子，说凉了凉了都加点衣服吧。土里的洋芋如一窝汉字拱破地皮，怕大家说它们出来得太早了，慌里慌张，前言不搭后语，而左近却无人，一个都没有，只飞过一些想偷吃的麻雀。谷子、糜子、玉米、向日葵们都熟成了金子。一亩大白菜依然我行我素，固执地不肯脱下白绿搭配的长裙，声言春天还在身边。高粱地最是引人瞩目，几万面红旗飘飘，秋日照射下，竟像火般漫延，火焰都快把地皮把稿纸烧着了。突然间，文章中糜子那节被割倒一片，一行一行飘香的字词都被放在地上，扎成了捆子。字词的茬子带着残留的丝丝干叶，缩在巨大的壑口里，白得刺眼。谷子的段落也被一句一句地放倒了，形成了空缺、少行、断片，谷地变得壑壑牙牙，少东没西。路上，一个牵驴的姑娘边走边望，对这样的残缺、那样的破损露出了笑容，颇为欣赏。

^②那边厢，男童似的，女童似的，一亩黄豆喊叫着它们也熟了，真的熟了，南瓜也帮腔说很熟很熟异常的熟，豆豆们就更加自信了，有的喊着喊着就从豆荚里蹦出来了，不懂什么叫做沉稳，这些碎怂娃娃们！

❶ 这是一个过渡段，既总结了上文黄土高原上物产丰富、庄稼们竞相呈现出的不同色彩，又引出了下文对各种庄稼的描述。

❷ 作者运用生动鲜活的口语和饱含着生活气息的方言，表现了富有黄土高原地域特色的景象，一句"碎怂娃娃们"把读者带入了成熟的庄稼地里，再加上生动、贴切的拟人修辞，给读者一种身临其境的感觉。

下沟里有人急急跋河，水声哗里哗啦的。羊在两块石头前吃草。山畔上的好枣子打下一摊，美死了、甜死了那山畔上的一切。林带的背后老一声、少一声、蛐蛐五声、牛两声，众声喧啸纷杂。运送谷物的汽车有好几辆，一个车辖辘不幸爆裂了，看起来很有几分悲壮；崖底，有人从红火尚存的灰烬里拿出烤红薯，那红薯热气袅袅，俨然炫耀着它的二次成熟。

① 这是秋的文章吗？

当然是，是黄土高原上的秋的文章。

短短几天，成熟了的庄稼地不再规整，而是色彩驳杂、结构松散、缺三少四、参差不齐、犬牙交错、横七竖八，乱得一塌糊涂。这情状就像明初文学家宋濂所批评的那样，"黄钟与瓦釜并陈，春秋与秋枯并出，杂乱无章，刺眯人目者，非文也"。

不对！谁说这不是好文章！秋天是收获的季节，变化的季节，流转的季节，眼花缭乱的季节，② 秋的文章愈乱愈好！秋的文章总在删节着，斧削着，大剪大裁，成亩成亩地往下割刈，也在不断地追求着精美。

秋的文章可上典籍。

秋的文章总能让人欢喜，也总能让人激动得落泪。

❶ 此处作者采用了设问的修辞手法，并分别独立成段，不仅激发了读者的阅读兴趣，还在结构上引起了读者的注意，实乃点睛之笔。

❷ "秋的文章愈乱愈好"意为秋天是令人眼花缭乱的季节，不同庄稼成熟时呈现出不同的色彩，物产丰富，自然愈丰富愈好。"秋的文章总在删节着，斧削着，大剪大裁"意为秋天是变化的季节，已成熟的作物被收割，未成熟的正生长，田畴变化日新。"也在不断地追求着精美"意为秋天是收获的季节，各种作物成熟后饱满诱人，尽显丰收之美。

延伸思考

1. 文章多次写到"一"字"人"字，绘形传神，请根据文章内容说一说二字所传之神。

_____

_____

2. 黄土高原"秋的文章"杂乱无章，作者却说"秋的文章可上典籍"，请根据文章内容简要回答作者这样说的理由。

_____

_____

3. 文章在语言运用上有何特色？

_____

_____

有一种蝴蝶

文章描写了非常普通常见的落叶，但作者的以独特的角度，对色彩斑斓蝴蝶样的落叶的奉献精神进行了赞美，并采用比喻、拟人、排比等多种修辞手法，进行细腻的刻画，如诗如画的描写使得落叶活灵活现。我们赶快跟随作者的神笔去领略一番吧！

---

① 初冬的到来，只是让人感觉冷些了，走在路上，一棵棵树木如同一个个青年男女，说笑着迎面而来，并没有寒冬的萧瑟。

不错，初冬就像高山将尽，大海已经露头，但山的余脉还绵延耸立；初冬就像晚霞即将消失，暮色开始飘浮，但西天依然红艳；初冬是豹身刚刚过去，还露着带花斑的豹尾。

我国水墨画的一绝是墨分五色，而我看见这一路

❶ 文章开篇交代初冬时节的到来，为后文对落叶的描写做好了铺垫，自然而顺畅。

139

初冬的树，五十色都不止。金黄的银杏树、浅绿的垂杨柳、赭石色的水杉树、灰枝的樱花树、醉红的枫树、绿黄间杂的梧桐树。枣叶静悄悄地由亮变暗，如同思考着它的根须如何扎得更深，更好地汲取营养；白杨树的叶子翻灰翻白，好似谁把它在水里搓着，颜色虽有些褪落，却越显得精神了。枝已简，花果犹在，十几颗红柿子意欲起火冒烟爆出蜜汁，黄绿色的将要绽放的绒绒的花苞满布玉兰树，还有黑的、褐的、白的树干……① 陈绿新红，肥黄瘦紫，斑斑斓斓，深深浅浅，冷冷暖暖，气象万千。

这些日子，我经常听名家朗诵诗文，看见眼前这些树木的动人景象，② 我仿佛又听见了《楚辞》《论语》，听见了李白剑气飞腾的诗、李煜箫声凄切的词，听见了关汉卿的套曲小令，听见了朱自清的散文以及各种形式、各种风格、各种色彩的当代文学名著，抑扬顿挫，珠跳玉溅。一树有一树飒爽的风景，又犹如钢琴在风景中，十树百树如十个百个郎朗的神妙手指，弹出了冬的序曲。

我走了一会儿，起风了。这风与平常的风大不相同，总一阵一阵地变着花样吹。突然，出现了一群蝴蝶，飞在眼前，一闪一闪。已经是初冬天气，它们怎么还活着？它们来自哪里？是齐白石的长轴？是张大千的横披？抑或是徐悲鸿的画轴、黄胄的册页？小写意的、没骨的、描染的、以墨代色的，闪闪而飞。它们如此新鲜、如此活泼，就像刚刚伴过蜜蜂，追过柳絮，从花丛穿梭出来。它们或大，或小，或高飞，或低翔，

① 这句话运用了"斑斑斓斓""深深浅浅"等叠词，生动地写出树木的叶子、花和果实的色彩斑斓和层次美，读起来朗朗上口，富有音乐美，表现了作者对初冬多彩的树木的喜爱和赞美之情。

② 作者采用丰富的联想，引用名家经典，描写了古往今来文人墨客对树木的吟诵，显现了树木在冬季中截然不同的魅力。

或者正着行，或者斜着舞，闪着飞着飘着，一闪一闪，纷纷扬扬，起起落落，追逐、相伴、列队、散开、聚拢，上下翻飞乱纷纷。

①我知道，它们并非蝴蝶，而是飘飞的落叶，但我宁愿相信它们就是蝴蝶。蝴蝶飞得怎么美，它们就飞得怎么美；蝴蝶飞得怎么潇洒，它们就飞得怎么潇洒。它们和蝴蝶一样都有迷人的翅膀——那些迷人的花纹、图案、颜色。落叶的颜色虽然比不上蝴蝶的鲜亮，却也没有多少衰败感，更没有枯槁感，而是隐隐透着昔日的千种姿彩、万种风情，抠也抠不掉。

我国峨眉山有一种名扬全球的蝴蝶，叫作枯叶蝴蝶，据百科介绍，它"色美姿丽，拟态逼真"。我眼前这些如蝶的落叶，也是色美姿丽，拟态逼真，假如它们的数量和枯叶蝴蝶一样稀少，二者的价值几近可以等同也。

这些犹如蝴蝶的落叶，花朵样飞，彩虹样闪，翩翩然，闪闪飘飘，快闪慢闪，闪上闪下，庄周的梦，梁祝的情，飞飞飘飘，一闪一闪，四围为之明明暗暗。②我看见一只格外艳丽，它舞着舞着却旋转起来，就像芭蕾舞演员用脚尖那样地旋转，旋成了旋风，旋成了花。

众蝶翩翩飘飞，它们是土地的精灵。

莫要说它们和真蝴蝶是两码事。在自然界，落叶和蝴蝶很难说互不相干。落叶不久便会融入泥土，来年春天，有一些真正的、地道的蝴蝶会从泥土里蠕蠕爬出，晒晒太阳就飞了起来。③在它们绵软的身躯里，美丽的翅膀上，谁敢说没有这些落叶的生命和灵魂？

❶ 作者把翩翩飞舞的落叶当作美丽的蝴蝶，他赋予了落叶鲜活的生命，讴歌了落叶在初冬生命的尽头绽放了另一种辉煌。

❷ 这句话运用了比喻、拟人的修辞手法，把飞舞的落叶比喻成芭蕾舞演员在旋转，又把这片艳丽的落叶旋转起来形成的形态比喻成旋风和花，"舞"字赋予落叶以人的情态，生动形象地写出了飞舞的落叶轻盈、优美，表现了作者对这片艳丽飞舞的落叶的喜爱和赞美之情。

❸ 文章最后采用反问句结尾，表达了对色彩斑斓蝴蝶样的落叶的奉献精神的喜爱和赞美。

延伸思考

1. 联系全文，概括一下落叶和蝴蝶的相似点。

_____

_____

2. 文章第九自然段在结构上有什么作用？

_____

_____

种 枣

名师导读 ▶

在陕北，处处都有枣树，枣树几乎成了陕北的文化符号。后来，刘成章离开陕北去了北京，在家乡以外的地方，他一直都想要种上一棵枣树。

那年，在北京待着的那些日子，我的心上忽然萌生出一个欲望，那欲望强烈而顽韧，最后因为困难太大，只好撒手，弄得人很有些郁闷。

① 那欲望是什么呢？

栽一棵枣树。

世上的树那么多，为什么偏偏想栽一棵枣树呢？

当时好像根本不曾想其所以然。后来终于明白，那是深潜于心中的乡愁在翻滚回荡。

② 我是陕北人。

可以说，每个陕北人都与枣子结下了一世的尘缘。

① 通过自问自答的形式，写出了作者内心深处的欲望，引出了文章的主题，同时也引起读者的阅读兴趣，为何想种枣树呢？

② 短短几个字述说出了作者浓厚的思乡之情，作者之所以想要种枣树，是为了寄托自己对陕北的思念。

143

不是吗？当世界上还没有你的时候，你的父母正在举行婚礼的时候，枣儿就被吟唱着为你祝福了："对对核桃对对枣，对对儿女满炕跑。"到你懂事起，枣儿就成了光景中不可或缺的角色了：①中秋节，枣儿刚成熟，有的全红了，有的还只是半个红脸蛋，都是脆甜脆甜，用它和月饼瓜果一同敬献月亮；腊八吃枣儿焖饭；一过腊月二十三，家家做糕、做油馍、米馍，糕里往往有枣糕，而米馍离了枣儿就做不成。接下来，清明节做枣馍馍、枣山，端午节做枣儿粽子。过了端午说是没枣儿了，但当孩子们饿极了的时候，妈妈或奶奶往往却会出奇地从大缸里摸出几颗来的。后来你长大成人，假如长期出门在外，家里捎来新鞋时，里面总不忘填几颗枣子。

陕北民谚说：千年松柏万年槐，不知枣树何处来。好像枣树的与人为伴，既轻松又诡秘，一如山上的野草和河里的石头一样，完全不曾有人工的参与。此话自然有些浪漫和夸张，但却真实地道出了枣子的易栽易活和顽强的生命力。因而枣树几乎遍布于陕北的千山万沟之中。②到了枣子成熟的季节，整个陕北就像把珠宝箱打开了，到处是绿的翡翠、红的玛瑙，到处异彩闪闪、香气四溢充满着欢乐的气氛。欢乐的是男人，他们上地时不忘摘吃一阵；欢乐的是婆姨女子，她们的手里打枣杆不停；欢乐的更是像我的童年似的那些大小娃娃，他们似乎竟被千年前的大诗人杜甫看见了，杜甫写道："庭前八月梨枣熟，一日能上树千回！"那画面，我记忆犹新。我上初中时迷恋上了诗歌，几乎

① 作者列举了各种节日，枣子陪伴着陕北人成长，每次过节的时候都少不了枣子，或是拿来祭拜，或是做成各种美味，突出了枣的重要性。

② 作者将枣子比作翡翠和玛瑙，表现出了枣子的晶莹和美丽，"到处"更突出了枣子的众多。

天天都要写上几句。当然都是习作了。由于枣香对我的沁渗，那时我所发表的第一首真正可以称之为诗的诗，写的就是枣，记得其中有一句是："红袄姑娘上树了，好像一颗大红枣。"

陕北最好的枣都长在黄河畔上。有一种说法：凡是听见黄河水响的地方，枣儿就赛过灵芝。延川、延长、清涧等地的枣儿都是很有名气的，它们都靠着黄河畔。那些地方对我都是极大的诱惑，我因之在那些地方，特别是在延川，曾经踏下了无数歌样的脚印。而最让我感到美好甚至是震撼的，是在佳县的一座山顶上的村子。在那儿，我看到村边的断崖上，裸露着许多鹅卵石。原来，在遥远的亿万年前，黄河真是远上白云间呐，它就在这村子的所在地流过。① 就是在这里的四山，密密枣林就像仙女撒下的绣花罗帐。即使在村子里边，在庄户人们的院落，挂着枣儿的枣树也无处不在迎风摇摆。最奇的是，烟囱边也生出枣树，厕所里也生出枣树，甚至整年碾米碾苞谷的碾道边，牲口蹄蹄稍稍踩不到的地方，竟也长出枣树了。有的枣树的高低粗细就像小吃摊上的一次性的筷子，上边却已经吊着两三颗红艳艳的块头足可以和任何枣子比肩的大枣子，让人惊喜、让人爱怜。

细细想来，这随处可见的，奇特而香甜如仙物似的枣子，在我的潜意识里，已经成为我们陕北的最可爱的文化符号了。

② 在北京未栽成枣子，我怎会甘心死心，所以时不时总会想起这件事情。后来到了异国他乡，由于根

❶ 作者生动形象地写出了这里枣树多、枣子多的特点，"无处不在""密密""竟"等词更表现出枣树的生命力的顽强。

❷ 作者一直都想要种枣树，在北京和异国都没有成功就更不甘心了，这也为后文他找到枣树的激动作铺垫。

本没有枣树，甚至连枣树的亲戚酸枣树也渺无踪迹，我只得逐渐苦涩地放弃了这个想望。

一日逛农贸市场，忽然眼睛一亮：铁样的干，碧绿的叶，好像还挟带着陕北清晨的露水珠儿，啊！我可见到枣树苗儿了！卖主是一个华人。他卖着一盆一盆的好多种树苗，但枣苗只有这一棵了。^① 我激动地连价钱也没有问，生怕被别人抢去，就一把揽在怀里，兴冲冲地买回家来。

多少日子了，我从来没有这么高兴！

栽枣苗的时候，我认真极了，无异于举行一个隆重的仪式。坑子挖了又挖，只怕枣根伸不开腰腿，受了委屈；肥料称了又称，只怕多了烧坏苗儿，少了营养不良；苗栽得很端；水浇得极透。为防被风吹断，就在两旁栽两根保护杆。第一根栽起来了。栽第二根的时候，杆子戳下去，忽听噌的一声。我想坏了坏了，戳到根上了，肯定把一根侧根戳断了！我懊丧地犹豫了片刻。但想，还得往下戳，不然，栽不牢，不顶事；但想，倒霉事不至于再碰上了。于是又用力往下一戳，啊呀！结果又噌地响了一声！^② 哦，那杆子就像戳到我心上了，我的心都快要流出血来了！因为这个，这天中午，我连饭都不想吃。

以后，我天天看枣苗会不会受到大的影响。反正长得不旺。叶子掉了好多，显得死蔫奄拉的。接着寒风吹来，叶子都掉光了，成了生意全无的光杆一条。整个一个冬天，我都忐忑不安，总是担心它能不能成活。

春天了。桃树发芽了，我看看枣，它没有动静；

① 此处生动地描写出作者激动、兴奋的心情，他本来已经放弃了种枣树的愿望，如今却意外看到枣树苗儿，便什么也顾不得了。

② 此处采用了夸张的修辞手法，生动地写出了作者对枣树的看重和珍惜，枣树断了一些侧根他都心疼得吃不下饭。

柿树发芽了，我又看看枣，它依然纹丝不动。那些天，我简直是把心提到嗓子眼上了！①后来，直到桃花已经开得灿灿烂烂，枣的树干上，终于蓦然露出了一星嫩黄，就像蓦然睁开了眼睛。哦，它活了！因了这，整个一个春天我都处于兴奋之中了。它这一年尽管缺乏勃勃生气，却还开了不少花，结了不少枣。遗憾的只是，它后来老是落果，最后留在树上的枣子，竟金贵得只有两颗。我到网上查了查，其原因可能是，在漫长的开花期，我没有给它追施肥料。

接受这一次教训，深秋，我对它修剪了一次。说是修剪，其实只是打了个顶，因为树几乎还没有多少旁枝。打下的顶有二尺多长，我随手就将它扔到垃圾桶里去了。睡到半夜，忽然想到，扔了的枝条能不能扦插呢？立即推醒老伴，老伴兴致很高，说：赶紧出去把那枝条捡回来，否则，第二天一早，就会被环卫工人倒掉了！②我于是披上衣裳，跑到空无一人的街道边，从垃圾桶里把那枝条捡回来，并且立即泡在水中。第二天一早，我们既贪又狠，竟把那不长的枝条截为六段，全都扦插在土里了。孔老夫子是食不厌精，我们是枣不厌多啊！

又是一年春天到。我是两头跑着看，一看扦插的枝条活了没有，二看枣树发芽没有。忽然有一天，我发现扦插下的那些枝条上，有一枝，有一枝的枣刺边，沉寂的紫红中，居然有了一丁点儿（大概只有针尖大小）浅浅的颜色。我叫来老伴看。"神经病！"老伴眼空无物。其实我的眼神不一定比老伴好，但我对此特别敏感。

❶ 此处生动地写出了枣树刚有花苞时的样子，作者期待枣树开花已经许久了，因此看到嫩黄色的花时，作者欣喜极了。

❷ 此处为动作描写。通过一系列的动作，生动具体地写出了"我"此时的激动和兴奋，"立即"更表现出了"我"的迫不及待。

❶ 此处为语言描写。通过女儿对"我"的嘲讽，写出"我"对枣树的重视，每天为了枣树而忙碌个不停。

❷ 作者描写了枣树的变化过程，只是短短的几天，枣树就焕发出了无穷的生命力，令人欣喜。

❸ "我"对枣树有着很深的感情，枣树就是陕北的象征，看见枣树就仿佛看到了故乡的土地，听到了故乡的水声。

我坚信我的发现。我天天挂牵着那儿，所以总是跑来跑去。①女儿嘲我道："爸爸拧来拧去总是不停，像跳葫芦笙舞呢。"一到那儿，我就俯下身子瞅着，专注若天文学家观察着一个刚诞生的天体的运转。尽管后来老伴戴了老花镜依然眼空无物，我却确实发现它在缓慢地变化着。我发现它渐绿渐大。我为这个令人振奋的情况而半夜常常醒来。而这情况，在此刻的世界上，是只有我一个人独独发现了的。我独享着极大的喜悦和慰藉。

②看那头，枣树腰间的一个短枝上也发芽了。而且，只过了短短的三四天，抬头看，树梢上也有了点点绿意；低头瞧，一条侧枝上也有一星绿意泛出。而似乎只在这抬头低头之间，那枣的腰间的短枝上居然长成了碧绿的一簇，而那已经不再是芽子了，而是叶，甚至还迸出成十条嫩枝来，叶就攒集在那些嫩枝之上。而好久不曾留意的事情是，树干竟也壮了一圈！

一天，老伴终于也欣喜地看见扦插枝上的芽子了。就在她看见的时候，我在那枝的上端，呀！又发现了一丁儿绿星星。

我所扦插的六小段枝条，尽管只活了一段，也教人喜不自禁。这就是说，我们的院子已有两棵枣树了，一高一矮。高的我伸手都够不上树梢，低的呢，我只有蹲伏在地上才可与它交流。③看见它们，我仿佛是听见了延河的流淌，感受到了那片土地可亲的律动。我知道枣树还可以断根繁殖。扦插今年肯定还要进行。我心里充满了美好的憧憬。我想总有一天，我院中的枣树会像佳县山顶上的那个村子那样，长得到处都是。我想我的枣树中，也会有那么几棵，高低粗细就像一次性的筷子，上边却都吊着两三颗红艳艳的块头足可以和任何枣子比肩的大枣子。我想它们便是我灵魂的最幸福的依附。

延伸思考

1. 说说"陕北民谚说：千年松柏万年槐，不知枣树何处来"这句话的好处。

_____

_____

2. 阅读全文，赏析"孔老夫子是食不厌精，我们是枣不厌多啊"这句话。

_____

_____

3. 在写陕北枣子成熟的时候，作者为什么要用"欢乐的是男人""欢乐的是婆姨女子""欢乐的更是像我的童年似的那些大小娃娃"的句式，这么写有什么好处？

_____

_____

红着喊着千百树

名师导读 ▶

　　刘成章有一日惊讶地发现，大门口的一棵枫树叶子突然红了，随后又有几棵枫树红了，一片枫树红了，灌木、浆果都红了，一片喧闹。

❶ 文章开门见山，"突然"一词写出了作者的意外和枫叶颜色的变化之快，引出后文。

❷ 几天前，作者看枫叶还是绿的，仅仅只是几天的霜冻，它一下子变成了红色，可见变化之快，枫叶的红并不是一点点过渡的。

①一棵枫树的叶子突然变红了！

这，使我非常惊异。

它就长在我们院子的大门口，我每天出出进进都要见它好几回。前天没见它有什么动静，昨天没见它有什么动静，甚至今早晨也没见它有什么动静，就是说，一点儿预警都没有啊，怎么突然就红了呢？

②我记得，它本来是青翠欲滴的。在它变红的前几天，每天大清早出门一看，它的绿不清楚了，它的身上蒙了一层毛玻璃似的白霜。

眼望白霜，我身一颤。

150

可以想到，在霜如刀劈的一夜又一夜，枫树在进行着怎样的壮烈的抗争。

是不是因为霜寒入骨，它才变红的呢？

而它变得何其突然！它的巨变，是发生在几小时甚至是几分钟之间的事情吗？

树是密西根大学北校园的树。这儿风景优美，有如森林公园，高的、矮的、成片的、独立的，蓊蓊郁郁，栖鸟落雀，到处都是树木。① 一种现象是这儿的独特之点——正行走，学生们往往忽然不见了，像鸟羽之陡被风卷，那是进了树林了；空白处，学生们往往突然出现了，如大侠之凌空跃下，那是从树林出来了。他们脸上是青春的光晕，背上是书包，脚下是路，路载负着欢歌笑语也载负着丰沛的负离子，在林中出没穿行。

近几天来，树木上的霜落得越来越重了。

我们院门的东边还有几棵枫树，我便时时注意它们了；但即使时时注意，它们的奇诡变化，还是叫你无法看清。它们不知在何时又眨眼就红了。它们就像川剧中的变脸，变得那么神速，那么迅忽。

② 正为这些枫树惊叹的时候，又有几棵红了，又有十几棵红了，又有上百棵红了；接着，一批一批的红，一片一片的红；接着，红在这边喊叫，红在那边喊叫，都喊烫了，烫了，烫得快着火了，到处闹闹嚷嚷，闹嚷声中到处已有了烟儿，叫人真不知该看哪里。

它们从南，从北，从楼前，从楼后，从显著的地方，从一些偏僻的角落，呼啦啦地热过来，烧过来，红过来，

❶ 作者采用了比喻的修辞手法生动形象地写出了学生们在树林中行走时的情景。一下子出现又一下子消失，显出了树木之多，增添了乐趣。

❷ 本段前半部分突出了枫叶红得速度之快，一下子就一片片地红了，后半部分突出了红得热闹，突然之间到处都是火红一片了。三个"又"字更是写出了争先恐后之感，表现出了热闹的场面。

一直红到我的眼畔、瞳孔、心底，以及，整个生命里面。

被喜悦的情绪亢奋着，我一遍又一遍地在校园转悠、巡睃，如一只寻找猎物的兽。我身后拖着的影子，是一条长长的尾巴。

❶ 此处采用了排比的修辞手法，生动具体地写出了不同的枫树叶子的颜色，叶子的颜色不一，给人一种斑斓、神奇的视觉感受。

①那些枫树，有的叶子全红了，深红，就像刚刚从染缸里捞出来一样。有的只红了枝梢，它就像被一个巨人倒提了，很有节制地在染缸轻轻蘸了一下，又放在这里。有的树每片叶子都染了个红边，中间的绿色依然亮丽。有的树叶则红棕黄绿，各得其色，给人一种极其斑斓的感觉。那么，它一定不是老式的染缸就可以染出来的了，染它靠的是最现代最神奇的印染技术。便想问来往于树下的黄头发的美国学生和黑眼睛的中国留学生，这种印染技术，是出自你们的哪个实验室呢？

哦，红着喊着千百树，拨我心弦，引我瞩目。

❷ 作者运用了比喻、排比的修辞手法，用大量的笔墨描绘了密大北校园一片红色的树林，写出了红叶的美丽、热烈和不羁。

②不光枫叶红了，橡树的叶子也红了，冈树的叶子也红了。树下有一种三尺多高的长叶灌木，那长叶也红了，在风中摇曳。还有高高攀附上大树的一些藤萝，它也红了，就像花红的游蛇；或者，就像红色的飘带；或者，就如咻咻燃烧的导火索；或者什么也不像，而只像红笔书写的不羁狂草，那是十月的天地精灵，正在以狂草赋诗抒情。而且，呀，红了野苹果，红了野草莓，红了数不清的叫不上名字的大大小小的各种浆果，那些浆果挂在枝叶间宛如狂草激起的乱蹦的星星。

整个密大北校园，都好像被一种灵火所燃，每棵树都是一股火焰。满怀理想的莘莘学子背着书包匆匆来去；好像为了使这火势更猛，更劲，他们在添油，他们在扇风，他们好忙碌！①哦哦，树也忙，忙着闹秋；叶也忙，忙着歌唱；火焰也忙，忙着翩翩起舞！

红叶映红人们的脸膛，使人们兴奋如树，如叶，如火焰。使人们有了极好的心绪。使人们想放松一下，浪漫一下，痛畅一下。这样的时候，即使终年埋头学业的一些最用功的中国留学生，怎能不也三个一群五个一伙的，以树为背景，捧着相机照相了呢？

咔嚓！咔嚓！咔嚓！

咔嚓不住。

意识到这样的绚丽日子不会久驻，照得好贪！

哦，红着喊着千百树，树树似人，人也似树！

在这里，在这样的时候，谁不想追寻更美的红叶？谁不想看个够？于是，周末，孩子驾了车，领我们驰出校园。②不用说我们徜徉于茫茫林海；不用说我们一次次为醉人的红叶欢呼雀跃；不用说我们得到了淋漓尽致的享受。而意外的收获是，森林中有红叶遮蔽的公路，我们沿着红艳艳的公路走进去，看到了许多绝美的教授住宅。那些住宅就在枫林深处，曲里拐弯的私家路连接着它们，这儿隐藏一幢，那儿隐藏一幢。③它们的门前没有草坪，没有花圃，没有短墙和台阶，只有汽车在那儿静静地停着，但我实在喜欢它们，因为它们与森林浑然一体，既现代又充满了原始的野趣，看起来比任何住宅都更加美丽。特别是它们的被金红色的灿烂叶片点缀着的高高上空，那些叶片如梦如幻，如梦之悠远，如幻之飘逸，它更是美得惊心动魄，宛

❶ 此处采用了排比和拟人的修辞手法，将这些景物赋予人格化，生动形象地写出了树和叶蓬勃的生命力，渲染了热闹的氛围。

❷ 此处采用了排比的修辞手法，作者用三个"不用说"描写出了一家人的欢乐，表现出了他们对这林海的赞赏和喜爱。

❸ 虽然这些教授住宅门前没有格外美丽的景象，但是那汽车的融入已然足够，现代和自然的完美融合，一切都那么恰当，这样的美已经令作者心动。

若伟大画家塞尚或者凡·高在那儿十分潇洒地抹了几笔。

我以衰弱迟暮之驱，激动得手舞足蹈。

哦，红着喊着千百树，树看我疯，我应是树！

延伸思考

1. 赏析"它们就像川剧中的变脸，变得那么神速，那么迅忽"，说说好在哪里。

_____

_____

2. 文中倒数第四自然段写道："哦，红着喊着千百树，树树似人，人也似树！"，这两者的相似点在哪？

_____

_____

第五辑 无声足迹

那是一种牵骨动髓的感情的放电。那是一种对一个历史空间或一个心灵圣地的潜意识的眷恋。为什么会这样呢？好像是用语言很难表达清楚。只模模糊糊觉得，大概是因为自打我呱呱坠地，耳濡目染的是那里的一切。因为那里的一切养育了我，丰满了我，生动了我，渗透于我的血液，早已成了我生命的一部分了。

【2015年山东省济宁市中考】
阅读下面的文章，完成各题。（17分）

石崖上的枣树

刘成章

①那是陕北的一座高峻石崖，陡峭得不能再陡峭了，齐上齐下，刀削的一般，笔直地立在那儿；崖上又极少有土，极少有草，却不知在何年何月，就在那半崖上，在一条看不大清楚的石缝间，突兀地生了一棵枣树。枣树生长在那儿，没有什么养料和水分，可它偏偏悖乎常理，长得健壮而蓬勃。每到八九月间，红的绿的半红半绿的枣儿缀满那枣树的枝叶间，把整个树冠都压得垂吊着，像一片彩色瀑布。

②年年金秋到，这一树枣子总是红得诱人，装饰着好大一片天空。挑筐的走过，扛锄的走过，都只能仰着脖子，望枣兴叹；城里人颠簸着汽车前来旅游，猛地看见了，也顿时兴奋起来，跃下车，结果呢，也只能仰着脖子，望枣兴叹。他们口腔里分泌着唾液，每一条神经都被挑逗得打着颤颤，却都无可奈何。

③石崖下有个石雕加工工地，工地上汇集了来自好几个县的能工巧匠，有老汉也有年轻后生。他们雕成的和正雕着的石狮子，一个个生动可爱，摆得到处都是。这些民间艺术家们，如处近水楼台，当然更想摘那树好枣子。据说，他们中间的一个小后生，臂力过人，他曾运足了气，把一块石子儿硬是扔到枣树上，不过也仅仅打下两三颗枣子而已。"这枣真成了王母娘娘的蟠桃了！"他瞅着那枣树咒骂。而那枣树，望着气急败坏的小伙子，好像故意气他似的，摇了三摇。

④一棵枣树，爽了那么多人的眼，打动了那么多人的心，又扫了那么多人的兴，使有的人在离开的路上还要对它念念想想，思思谋谋。人们无从弄清它的背景，更无从弄清它是轻佻还是贵气。

⑤那年亲眼看见这棵枣树的时候，我也忍不住停下脚步，仰起了脖子。与我同行的朋友说："光瞅有什么用！要是真想尝尝，咱们哪天有了空儿，从山后爬到那崖上去。"后来我们真的去了。绕来绕去地足足走了有七八里山路，才算近距离地看见了枣树。也许由于特别兴奋，也许是枣子的映照，我俩的脸都红得像一片霞了。那枣树真让我们很想欢呼几声。崖上风很大，阳光也很充足，风和阳光一年年地透过了它粗糙的树皮和枝叶，为它储满了诱人的生命力，因而果实又大又艳，宝石一般。虽然那树上的每颗枣子我们都看得清清楚楚，但是那儿的地势太险峻了，我们依然无法再向它挪近一步，只得一步一回头地悻悻离开。

⑥好多年之后，当我不由得又想起那棵枣树的时候，终于不再悻悻了，那是因为我重读了《诗经·蒹葭》：

蒹葭苍苍，白露为霜。所谓伊人，在水一方。溯洄从之，道阻且长。溯游从之，宛在水中央。

⑦古老民歌所创造的情境，和那棵枣树所引发的情境不是一样的吗？

⑧想到这一层，我忽然感到我的生命战栗起来，抖落了些许的俗气。你看，那棵枣树是那么美好，那么诱人，却总是难以触到，总是让人企慕；它总是撩逗着你，召唤着你，却又总是远离着你，它是美人，美人如花隔云端。它结的是一树实实在在的枣，但它给人们带来的却是诗的境界、浪漫的情怀、美学的情景。它让我想起钱锺书先生所命名的"企慕情境"，令人久久回味。

（选自 2015 年 4 月 10 日《光明日报》，有删改）

1. 文中记叙了人们有关枣树的哪几件事？请简要概括。（3分）

_____

_____

_____

2. 品味语言，回答下面的问题。（6分）

（1）从修辞角度，赏析第①段中画线句子的妙处。（3分）

每到八九月间，红的绿的半红半绿的枣儿缀满那枣树的枝叶间，把整个树冠都压得垂吊着，像一片彩色瀑布。

_____

_____

（2）结合语境，谈谈你对下面句子中加点词语的理解。（3分）

想到这一层，我忽然感到我的生命颤栗起来，抖落了些许的俗气。

_____

_____

3.文章第②段写人们看见枣子的表现有什么作用？请简要分析。
（4分）

_____

_____

4.结合全文，联系生活实际，谈一谈石崖上的枣树给了你哪些启
示。（4分）

_____

_____

_____

布达佩斯夜景

名师导读

　　布达佩斯是座美丽的欧洲古城，它既保留着古时的典雅美，又兼具现代的时尚感，令人着迷。而布达佩斯的夜景更是一绝，下面就让我们跟着作者去领略一番吧！

❶ 布达佩斯虽然是古城，但整洁、美丽，作者将新潮小车比作箭，突出了车速之快，表现出了布达佩斯的现代美。

　　看见布达佩斯的第一眼，心就怦然而动。^①古堡耸于山，铁桥横于河，两旁超市商品层叠在干净的街道上，新潮小车一辆又一辆箭一样射过。她是山与水的结合，古与今的结合，本土和外风的结合，小巧、美丽，又充溢着时代气氛。

　　与之相比，东欧的另外一些都城就差多了，那些都城的建筑单调、平板，商品匮乏，脏、乱，小车都是国产，又都跑得慢悠悠的，一副很不走运的样子。

布达佩斯明显地盖过了她们。当然，布达佩斯也有她的不尽人意的方面，比如物价奇高，失业的人很多，等等。就拿流经她的市区的多瑙河来说吧，也很有点令人沮丧。原先头脑中的多瑙河，总是和蓝色相连，蓝色的多瑙河，好神奇，好美丽！可是实实在在地走到她的岸边，大失所望，她哪有蓝色可言？期望值的过高，使人真正看到她的时候，感到她竟是一河的浑浊！

①但从主要方面看，布达佩斯毕竟是生气勃勃的，美丽的，而她的入夜景色，更加迷人。

当燃烧了一天的太阳被山头撞灭了她的火焰，蒸腾的热气骤消，人们还来不及擦掉额头的汗水，随着一股突如其来的寒意，满城的灯便亮了。到处是灯的山，灯的河。到处是闪光的诗，透明的画。灵动到处，鲜活到处，奇葩到处美到处。在这样的地方徜徉，谁都会流连忘返的。

宽阔的坡路一旁，是路灯。路灯照耀着居民院落的栅栏、大门和大门边的信箱。升上去十米、八米，屋舍的灯光灿烂。你的屋照着我的屋，我的屋照着你的屋。照出了褐的红的瓦，各色的墙。照出了阳台上摆放着的盆花，那花或一溜排的黄，或一溜排的蓝，一溜排一溜排流淌着灯光。

小巷中，石砌的高楼上泻下琴声，也泻下灯光。在琴声和灯光的爱抚下，奔跑了一天的小车，就像一群玩累了的孩子，都头挨头地睡了，静静地停满一侧。

❶ 布达佩斯虽然有不足的地方，但总体而言依旧是美丽迷人的。此处为过渡段，引出了下文布达佩斯的夜景的美。

也有迟睡的孩子迟睡的小车才回来，才跑进巷口，才寻找自己的铺位。目光炯炯，车灯炯炯。

一进入大街，就像一失足掉进大海，不待反应过来，灯光的浪涛已把你淹没了。头晕目眩、眼花缭乱、天花乱坠。①灯，在前、在后、在左、在右、在头顶、在脚下。灯，连成线、织成网、编成花。商店如灯砌、道路如灯铺、行人如灯塑。飘拂的秀发飘着灯光，情侣的眼睛含着深情。厚重得出奇的皮鞋。脑后留着的一撮毛。作为时髦装束的烂兮兮的短裤。这种种种种，都在灯光中闪烁。看看手中的购下的商品，商品厚了，厚在沾上了盈寸灯光。

奔驰的小车是奔驰的灯，灯灯相连，灯灯奔驰，奔驰成一条高科技时代的硕长龙灯，以每秒量着呼啸的速度，遇坡，一弓身就过去了；遇弯，一扭身也过去了。站在龙灯啸过的地方，纷飞的夜气冲来，纷飞的乱光冲来，强烈地感到了夜气和乱光的撞击力量。眼看着龙灯啸，啸，啸，想横穿街道，那是万万办不到的。也有胆大的人曾经试着闯闯，但留下来的，是一摊血迹，一个关于眼泪的故事。这儿不像在东欧别的国家，速度和光结构着她的躯体。

看到了多瑙河，才看到了最美的灯光，最美的景点。②那是星空的浓缩。那是宝石的汇聚。那是梦幻的再现。想必有一个超尘脱凡的天才的艺术大师，蘸着地球那边的艳艳阳光，画亮了河的两岸。无论是老布达还是新布达，无论是老佩斯还是新佩斯，都成了一个壮观的灯的花园。千朵盛开者，是灯；万朵竞放者，是灯；

① 此处采用了排比和比喻的修辞手法，生动具体地写出了布达佩斯夜晚灯光璀璨的特点，和前文的"到处是灯的山，灯的河"相照应。

② 此处采用了排比和比喻的修辞手法，作者通过三个"那是"表现出了多瑙河的美丽，同时增强了语气，使文章更有节奏美。

无数吐艳飘香者，也是灯。灯飞上宏伟的铁桥，铁桥被串串明珠勾勒出闪光的轮廓，凌空高矗，无比瑰丽；灯落进轻荡的游船，游船以叮叮咚咚的光的打击乐伴着欢歌，徐徐前行，妩媚多姿。① 而透过串串明珠阵阵欢歌，引人瞩目的极度辉煌处，是超级灯光衬出的古堡和教堂。那么高，那么明晰，那么令人感动。它是全城最敏感的一点。光和影在这一点上做了最和谐的艺术的统一。

这些美景，都是上下对称，成双成对。铁桥如此，游船如此，古堡和教堂也是如此。而下边的一个，像微风摇花，像薄云遮月，更具无限韵味。那是多瑙河中的景致。多瑙河使布达佩斯总是带着二的乘数，给了布达佩斯双重的美丽。② 而多瑙河，也一改日间的浑浊模样，如原先想象中那样蓝茵茵的了。一河灯光，一河灯光装饰着的建筑，一河的波波荡荡的诗情画意。

像看见久别的亲人一样，居然在河边，在灯下，看见一排中国槐了，亲切感油然而生。便进而亲切地想起眼前这个伟大民族的历史了，想起他们善骑射的先祖，也是从中国那边过来的。哦，我们的根子曾扎在一起，或者，竟是同根。想到此，一颗本来有着隔膜的心，心上的细细钨丝，便亲切地通上了布达佩斯的电流，哗啦一下亮了。在灯的海洋中，它虽然显得微弱，却是真诚的祝福。

❶ 古堡和教堂位于灯光最辉煌的地方，格外醒目而耀眼。作者通过三个"那么"表达出了自己的赞叹与欣赏。

❷ 作者原本觉得多瑙河有些浑浊，是布达佩斯美中不足的地方，但在夜晚灯光的照耀下，多瑙河显现出一幅诗意和浪漫的景致。

延伸思考

1. 文章大量运用了哪种修辞手法？说说有什么好处。

_____

_____

2. 赏析"一进入大街，就像一失足掉进大海，不待反应过来，灯光的浪涛已把你淹没了"这句话。

_____

_____

3. 作者眼中的布达佩斯是怎么样的？

_____

_____

牛　群

名师导读 ▶

　　在加州原野，刘成章看到了一片黑色的斑点，铺天盖地，无处不在，这是什么呢？慢慢地，终于看清楚了，原来竟是浩浩荡荡的牛群！让我们一起看看这是怎么一幅壮观的景象吧！

　　苍茫的加州原野。

　　先是绿地和花园交错着的建筑群，继而是一眼望不到边的葡萄园，再下来，就很有些非常原始的意味了。

　　怎么说呢？好像哥伦布还未出世，星条旗更未招展，自然，丰饶的金矿还都原封不动地深埋于地下。① 没有庄稼，没有菜田，到处都荒着，荒草一片一片，自枯自荣。一只不知名的小鸟远远地飞来，落到灌木的枝条上，枝条晃了晃。山、原、谷、崖、树、河流……一切都仿佛处于黄褐色的蛮荒状态。只有将风景一劈

① 作者用寥寥几笔就表现出了加州原野苍茫、荒蛮的情景，这里的一切似乎都还没被发现，停留在过去的时光里。

165

两半的高速公路，才发出汽油、钢铁和橡胶的呼啸和闪光，展示了些许现代文明。

忽然，原野上有了一些黑色的斑点。但你还没明白那些斑点是什么，汽车早已迎来一个奇幻之景：整个原野都撒满黑色。

①是些什么呢？好像谁从高高的天上，哗啦啦地倾倒下满地黑豆，又像谁从远远的地方，突然赶出无数黑色的斑蝥或者蟑螂。它们，究竟是些什么呢？

广阔的原野，到处黑漆漆的，黑得触目惊心。

只有树是绿的。只有天是蓝的。只有太阳是红的。除此而外，原野上的草、石、土、塄坎，以及起伏的山坡，全都成了浓酽的墨汁。

像些什么呢？也许更像到了特大的露天煤矿，这个煤矿采掘既烈，运输又不畅，遂使亿万吨的黑得起明发亮的煤炭，统统地堆放在那儿了。

②但终于看出个眉目了：它们在动！是活物无疑了。比羊高大，比猪魁梧，比驴和马都肥壮。有黑的，有黄的，但以黑的占了绝大多数。

啊，牛！

居然是牛！牛居然可以排开这么大的阵势！

这些牛如果是一些劳工，它们应来自多少工厂？这些牛如果是一支军队，它们应是多少个排？多少个连？多少个营？多少个团？

好壮观、好浩荡的加州牛群！

③在中国长大的人，谁没见过牛呢？可是，即使是在中国常年走南闯北、见多识广的人，谁又一次见

---

❶ 作者此处运用了比喻的修辞手法，将黑色的斑点比作黑豆和斑蝥、蟑螂，生动地写出了黑点的样子，同时引起读者的好奇。

❷ 作者将这黑点同羊、猪、驴和马相比较，慢慢揭开了它的真实身份，显得更加真实、有趣，突出了牛魁梧、肥壮的特点。

❸ 作者通过两个反问句表现出了自己的感慨和惊叹，突出了加州牛群的数量众多，格外壮观的特点。

过这么多的牛呢？翻寻记忆中的青山，青山隐隐，笛声悠悠，牛总是一个两个孤独冷清地活动在青山里和笛声中的。回眸全部中国历史画卷，无论是牧童的遥指还是鲁迅的横眉俯首，隐含的都是这样的景象。无论是《创业史》的各章节还是当代文学的散发着油墨香的无数纸页，寥落的牛蹄都不会踩没多少字迹。我们所见过的牛群，只要有几十只，几百只，已经是很大很大的了。

可是看眼前，看这儿，牛，竟覆盖了东南西北，全部视野！^①仅卷舌揽食的，应是好几千了；仅甩尾赶蝇的，也应是好几千了；仅以蹄踢土的，也应是好几千了；仅撒尿拉屎的，同样应是好几千了。有立的，有卧的，有鸣叫的，有沉默的，有正在产崽的，有想啃树梢的。牛，好几万头牛，一头头身躯匀称健壮，皮毛光洁润滑，它们如同黑色的火焰似的，燃烧在这片土地上。应该说，它们所展示的，是最灿烂的当代文明之一。

看不见人，只有牛；看不见房舍和栅栏，只有牛。这么多的牛，真叫我无法想象它们饿了时怎么吃，冷了时怎么住。我更想象不来如果遇上响雷闪电，或者虎狼来袭，它们因受惊而炸了群，乱了阵，一头头狂奔乱跑起来，可该如何处理。

遗憾的是，我们需要赶路，无法停下来做深入采访。

我看见，一头黑牛的腹下，鼓鼓的袋子似的东西，是两个大奶。一只和这只黑牛同样黑的小牛，把稚嫩的小嘴唇凑了上去。黑牛回头看了看。

❶ 此处采用了排比的修辞手法，生动具体地描写出了不同的牛的形态，突出了牛群姿态各异、数目众多的特点。

167

❶ 此处为侧面描写，牛群离公路至少还有百米，但它们的气息已经传了过来，可见牛的数量之多。

那边，大概是一头公牛吧，它很嘹亮地叫了一声。风携着它的声音，传了过来。^①其实传过来的不只是一种东西，只要稍加留意就知道了，那是空气中弥漫的带着草味、粪味和臊味的牛的气息，并且已经钻入车内。尽管，那牛群离公路起码还有百米距离。

我们的车子停下来了。我想照一张相。相机对着我，我回头看，我被衬托于黑色的背景之上。黑色的背景有如黑色的海洋，无边无际，滚滚滔滔。而在那闪闪烁烁的黑浪花的上头，是密如森林的牛角和牛耳。这张相一定会照得很好，我想。

重新上路的时候，我想起，就是在这儿，曾经发生过无数粗犷的故事。好莱坞因大汗淋漓地捡拾这些故事，也使自己的银幕粗犷起来。小木屋。酒。时起的阔笑。爱情和仇恨。划破黎明的枪声。前蹄跃起的马的嘶鸣……那是牛仔的天下。霞光照红牛仔的身影。可是现在换了人间。

❷ 作者通过具体的数据表现出了农牧民数量的稀少。但就是这稀少的人群却贡献了巨大的价值。

^②现在，牛仔的子孙们——农牧民，形单影只，成了星条旗下的稀有人群，他们只占总人口的1.8%。然而，这1.8%却是钚、铀之类的奇特金属元素，他们所发生的热核反应，不但轻轻松松地养活了整个人口，还成了出口的常项。而眼前这无比壮观的牛群，应是热核反应的象征物了——是发着热，带着响，迸散开来的滚滚黑云。

延伸思考

1. 通读全文，说一说加州的牛群有什么特点。

_____

_____

2. 赏析"只有树是绿的。只有天是蓝的。只有太阳是红的。除此而外，原野上的草、石、土、塄坎，以及起伏的山坡，全都成了浓酽的墨汁"这句话。

_____

_____

3. 作者先说黑点，然后揭示是牛群，这么写有什么好处？

_____

_____

风雨起舞

　　风起，空气渐渐变得湿润，雨要来了。在刘成章的眼中，雨是曼妙的女子，风是勇猛的男子，在这一片天地之间共同起舞，下面就让我们去欣赏一番这美妙的景象吧！

❶ 采用设问的修辞手法，通过自问自答的方式解释了"风是什么"，引出下文。

❷ 风是看不见的，但是作者引用了李峤的诗句，化抽象为具体，生动地阐释了风的形状。

① 风是什么？

古人说，是大块噫气。其意为，风是大地在出气。我们都会出气，但是，形不成风。那是因为，我们的块头太小了。

② 又问，风是何状？

唐朝有一个叫作李峤的诗人，他有一首诗，就是为风塑身：

解落三秋叶，能开二月花。

过江千尺浪，入竹万竿斜。

诗中仅"入竹万竿斜"一句，就能让我佩服得五体投地。风的样子，被他写活了，神了。

风是雨的头。雨要来时，风就在前面打前站。现在风急急跑来，说明雨马上就要来了。

风是带着雨意来的。风一到，雨意就弥漫开来，风代雨先润一润干燥的空气，光线便随之一暗；雨意——雨的意思——是用一勺一勺的甘霖，问候众生，祝福众生，想叫众生提前准备一下；而风，遵循雨意，挨家挨户通知人们，把怕淋湿的东西赶紧收拾回去。① 风的责任心很强，通知之后，又在墙上墙下，院里院外，甚至楼门里面，四处巡睃。它拍了拍人家的门窗，唤醒女主人，又把晾晒在绳子上的衣物抖了抖，觉得女主人明白了，它才又去了别的院子。

那边楼上，一个鸟笼还放在阳台上，鹦鹉明显有些恐慌，但它的主人，却浑然不知，埋头于桌前，而雨马上要到了，风就从门缝里钻进去，吹起了案头纸张。主人一抬头，发现黑云已然临窗，鹦鹉却还在那里，遂急忙提回它。鹦鹉说："阁下今天十分及时！"主人说："不要谬奖我！要感谢的是风！"

当风把雨讯告诉了一切人时，雨，就如期而至。雨是驾着黑云来的。黑云的重量，远远地超过了一切飞机。② 雨在黑云上梳妆打扮，挑选可心的裙裾、鞋、眼镜，因为这是要赶赴大地，须注意点形象，不可等闲视之。雨在天上都是一些名门望族，每家都有车有马有亭台水榭，假如云彩底下都撑着柱子，它们一定会压得柱子格吱格吱作响。所以说人们计算一片云彩的

① 此处采用了拟人的修辞手法，将风吹过描述为"巡睃""拍了拍"等，表现出了风的尽责、可爱。

② 此处采用了拟人的修辞手法，作者将雨视为赶赴大地而精心装扮的女子，表现出了作者对雨的喜爱和期盼。

重量时，要用一种奇异的重量单位——大象单位。看起来只是一片普普通通的云彩，一般也会有 20 头大象之重。要是它们原盘跌落下来，砸到哪里哪里就会变成一块肉饼。但是大自然的设计总是那么和谐美好，它用大气上升的强大力量，化解了一场又一场的可怕悲剧。① 当大地需要雨时，就放开口子让它下，不过那也是设了限的，下落的雨点必须早早儿瘦身，由大象瘦为小小的委屈，小小的打扮入时的温柔雨滴。

❶ 雨点从天空落了下来，从原来硕大的样子变成了小小的，这是雨对人们的温柔。

这时雨就来了，从天上来了。这时人们抬起眼睛，看见的是一串一串的迷你玻璃球，玻璃球是透明的，里头水意流转，水汽氤氲，有如高像素的摄像头，影像逼真，变幻不定。玻璃球也像些透明的小顽猴，互相或抱，或骑，或搔，或追逐，或说着花果山的古老故事，从天而降。② 雨是跳下来的，它们脚下腾起的尘烟，说明了它们作为自由落体的酣畅和淋漓。虽然经过了高空的摔打、糅合和重塑，它们仍然不失女性的玲珑和精致。

❷ 采用了拟人的修辞手法，"跳"字写出了雨滴降落到大地的速度之快，表现出了雨滴的调皮、可爱。

这时候风并未离去，它早已在那儿等着雨。古人云，一日不见，如三秋兮。风和雨互相爱得更深。它们是一分钟不见，如三分之一世纪哦。风早早地就张开着了双臂。风上前拥抱。它要和雨，来一个精彩组合，其魅力可想而知。

❸ 此处作者引用了多句诗词来表现出雨和风相互依偎、纠缠的美丽情景，显得充满了诗情画意。

③ 于是世界上出了这样的美丽画面："水面清圆，一一风荷举。""自在飞花轻似梦，无边丝雨细如愁。"这些，都是风雨给人们表演的抒情小戏。风雨其实也能跳慷慨大舞给人们看："一蓑烟雨任平生。""风雨一杯酒，江山万里心。"此番大舞踢踢踏踏，是给人们举

行的一场灵魂洗礼。

写到此，我感到我的文章，已是满纸风雨。

我的鼻里、耳里、食道里，以及五脏六腑，也全是雨了。

一个人的生命中，假如始终没有风雨，那将是一场多么荒诞多么可悲的事情。

风吹雨时，风和雨早已神奇地融为一体，模糊成了一片，根本无法辨清谁是谁。然而刚一瞬，它们又分身为二，两不粘连，风是风，雨是雨。风是男性，雨是女性。① 风常常显示的是勇猛和力量。因此，陕北的语言借用了刮风的"刮"字，来形容迅疾如风的赶路："我没用半天工夫，就刮下来了！"这个"刮"字力感十足，非常传神。而雨，常常给人温存的感觉。风有风的男性美，雨有雨的女儿气。冥冥中，乐队奏起了乐曲。指挥好像是小泽征尔。他已不患老年痴呆症。雨和风，踏着优雅的节奏，翩翩起舞，每块肌肉都泛溢着韵律。水步。侧转。跳跃。惊鸿飞鹤的流动曲线。蓦然，音乐来了个八度大跳，情绪飞扬上升，而风吹雨，吹雨，吹雨。风的男性的力量和柔情，矛盾统一，相反相成。而雨的绮丽造型一展开，你的视线就凝固了。而它，收紧身子，收紧风的力量。风和雨，借力合力，淋漓顿挫，演绎出醉人的一幕。② 于是雨，这个美丽的芭蕾女神，被风，被那个男性舞神，托举而起。人们看见，雨把手中的彩带一扬一扬。如此反复几次而后，雨被风抛向空中，雨在空中转体，后空翻，成了清澈透明的仙子，其动作酣畅淋漓。那是至美的曲线，

❶ 在作者笔下，风是勇猛的男子，雨是柔美的女子，生动地写出了风和雨各自的特点。

❷ 风吹着雨，就如同一曲芭蕾，作者将风吹着雨这常见的一幕描绘得如同画卷一般美丽，突出了雨落下时的优美。

那是销魂的气氛，那是行云，那是流水，那是公孙大娘的不朽剑术，出神入化。

风雨中的植物，也随着风雨翩翩起舞，或者说，它们就是风舞雨蹈的形象展现。植物的枝条，大部分都是紧随舞蹈的音乐，整齐划一地一俯一仰，一斜一正，只是它们的动作幅度很有区别。<u>①叶大茎软的芭蕉，幅度很大；而玉米和白菜，幅度就较小；还有的幅度更小的，只有些摇晃的意思。</u>不过，它们都动得有条有理，清清爽爽。但是，在那些大叶子杨树上，却显得驳杂扰攘，横张侧展，混乱不堪。它们的枝梢有的好像心不在焉，总是东张西望；有的却是各摇各的,从无一致的方向；有的甚至是南辕北辙。虽然如此，但是如果把它们放到植物的整体中去看，又显得和谐一致，聚散自如，秩序井然，是天造地设的大自然之舞。

②风雨中，蚂蚁有蚂蚁的村落，蟋蟀有蟋蟀的家，它们都成了小小的周邦彦，信口朗吟：<u>"此时情绪此时天，无事小神仙。"</u>不过，蝴蝶却没有此等福分，它无家无舍，啥也没有。它孤苦伶仃，形同弃儿。可是，这儿却不是丛林，到处都充斥着温情和友爱。无论是花还是叶，这时候都惦记着蝴蝶了。它们以自己的身体当伞，护佑着蝴蝶。蝴蝶因祸得福，也可以随着它们起舞了。

雨燕是雨中的氢，雨中的量子，雨中的能点强力运动，每粒都穿梭飞翔，自爱自信。如果雨住了，雨燕是一身风；如果风停了，雨燕是一身雨。雨燕在风雨中飞舞、站立或叹息，是一身风雨。这既是众生的

❶ 作者列举了芭蕉、玉米、白菜等植物，描写出了植物们在风雨中不同的形态，富有动态的美感。

❷ 此处作者借蚂蚁和蟋蟀之口引用了周邦彦的诗句，用蚂蚁和蟋蟀的惬意、闲适、悠然表现出了雨中动物的快乐。

影像，也是世界的缩影。时代，就是在这既有热恋、信心、哀伤，也有豁达自在的风雨中发展着。

① 这时的风雨中，一定还会有在外忙碌的人；一定还会有必须露天值勤的人；一定还会有连一把伞也买不起的漂泊者。雨淋湿了他们的头发，流进他们的眼中，看起来要多狼狈就多狼狈。而还有些人，他们却性喜淋雨，性喜在雨中跋涉。雨越淋，他们越有精神。他们和大自然互融为一，成了大自然的一块肌肉，一条神经。这是风雨洗出的襟怀，风雨洗出的境界。

❶ 此处采用了排比的修辞手法，介绍了雨中形形色色的人，将两种截然不同的人在雨中的样子描写了出来，表达了作者对雨的喜爱。

延伸思考

1. 作者在讲述风的时候，为什么要举鹦鹉和主人的例子？

_____

_____

2. 赏析"它们的枝梢有的好像心不在焉，总是东张西望；有的却是各摇各的，从无一致的方向；有的甚至是南辕北辙"这句话。

_____

_____

3. 说说你对"写到此，我感到我的文章，已是满纸风雨"这句话的理解。

_____

_____

海上逢山

名师导读

在一望无际的大海之上，刘成章竟然看到了巨大的雪山，那一刻的感受如同霹雳般震撼人心，而无法在脑海中复现，更是令人扼腕。

---

❶ 作者展开了丰富的联想，认为自己来到了犁铧上，正在开垦蓝色的土地，引起读者的兴趣，给读者留下想象空间。

❷ 作者采用了比喻的修辞手法，将船比作犁铧，浪花比作白菊，显得格外优美、富有诗意。

一张很大很大的犁铧，在威武稳健地开垦前进。垦开的，不是我家乡的长着杂草的黄土，也不是广西的红土或东北的黑土，而是蓝土。^① 这蓝色的土壤，是广袤蓝天的疆域吧？是什么牛王天马，拽着这犁铧前行？而扶犁的，是二郎神呢，还是孙悟空？反正，这犁铧在隆隆垦进。犁铧上站着许多会说话的蚂蚁，其中一只是我。而犁铧，是一只高大雄伟的游轮。

海风轻轻地吹。我的手扶着游轮的栏杆。我看见，游轮在破浪，犁铧在垦进。^② 这一张巨大的犁铧，依然像犁着蓝天的土壤，犁开了一道长长的犁沟，一定

176

是云彩被犁碎了，云彩的碎片贴伏在犁沟上，犹如新开的白菊。我快步赶至游轮的尾部，白菊恍然变为一条白色的游走的蟒蛇，跟随在我们的后面，紧追不舍。环顾天上地下、四面八方，纤毫不存，透明得好像连空气都成了布满天空的0的相加、相乘和0的平方、立方，成了比玻璃还要透明千百倍的虚空玻璃。① 我的心地也像这周遭环境一般地纯净安宁，遂把满身的热量都交付于眼睛，随它去放浪挥霍。看山谷间冰川划下的超级高速路一样的浩阔轨迹，看海中的一座一座长满树木的玲珑小岛依次闪过或旋转着退去，看头顶偶然飘过的仙子裙裾一样的白云。而当游轮驶进一道峡谷时，看左边，看右边，左边，右边，都是巍巍高山，高山上有石，有树，有撕不开的棉团，扯不断的白纱，也有一阵一阵的风，吹棉团和白纱起舞，游荡，变幻，吸引着一双双不同肤色上的眼睛。

② 十几分钟之后，恍若走进了中国美术馆，一幅一幅的巨作，一幅一幅的水墨山水，联翩而至。

在这样的时候，为了不惊扰附近的飞禽走兽，游轮是静悄悄地不开广播的，忽然有了广播的声响，原来一座一座硕大无朋的什么东西，突如其来，霹雳一样，向着我的视野展开了一幕惊心动魄的爆炸；我一时晕了，浑不知世界上究竟发生了什么事情，后来我终于明白，那爆炸者，竟是我从来不曾经见过的那么高大的一座一座的山。一向雄强高傲的天空简直不堪一击，顿时沦陷了它的大半疆域。冰雪和黑石，眨眼间在九重天的七八重之上，横躺竖卧。③ 看着它们，我简直

❶ 作者完全沉浸在看到的美景之中，已经全然陶醉了，他的思绪也融入景色中，只知道去欣赏这海、这天了。

❷ 此处用时间进行自然过渡，"巨作""水墨山水"表现出了眼前画中的美丽，"一幅一幅"表现出了数目之多。

❸ 作者第一次看到这么高大的雪山，不禁呆住了。"阴电""阳电"等词表现出了作者心跳加速，十分震撼的样子。

177

被惊得呆若木鸡。而片刻，我的心，我心上的动脉和静脉，一霎间变成了阴电和阳电，它们不断相撞，不断闪光，不断发出惊雷般的轰鸣。

记得陆游写华山的诗"五千仞岳上摩天"，应该用到这儿。也记得张养浩写泰山的诗"风云一举到天关"，应该用在这儿。

但是，这些庞然大山在我心里造成的景象，却到此结束了。

李白曾有一首著名的诗，叫作《梦游天姥吟留别》，诗曰："云青青兮欲雨，水澹澹兮生烟。列缺霹雳，丘峦崩摧。洞天石扇，訇然中开。青冥浩荡不见底，日月照耀金银台。霓为衣兮风为马，云之君兮纷纷而来下。虎鼓瑟兮鸾回车，仙之人兮列如麻。"

可惜，在我脑子里，如此浪漫如此奇谲游仙场面，却怎么也不能复现。我们曾经觉得我们比古人强。我们曾经认为我们有最先进的思想。[1] 李白不知道爱因斯坦。李白不懂得微积分。李白还有迷信观念。比起李白来，我们懂得的科学知识太多了，我们的想象力枯萎了。

只是，华山上的庙和寺，泰山上的高僧和尼姑，早已在那诗句中四散飘走，那是因为矗立在我面前的山，绝对是超尘脱凡的所在。

❶ 作者将"今人"和古人作比较，以李白为例，突出了"现代人"的许多优点，可惜的是，我们的想象力不够丰富，不能重现看到的奇幻场景，令人遗憾。

延伸思考

1. 作者为什么要引用陆游写华山的诗，张养浩写泰山的诗，以及李白的《梦游天姥吟留别》？

_____

_____

2. 赏析"原来，一座一座硕大无朋的什么东西，突如其来，霹雳一样，向着我的视野展开了一幕惊心动魄的爆炸"这句话。

_____

_____

羊的诗篇

名师导读 ▶

自古以来，我们就和羊结下了不解之缘，从《诗经》到《敕勒歌》，再到《苏武牧羊》，那些关于羊的诗篇、典故都显得格外美丽，下面就让我们一起领略一番吧！

《诗经》里有一句诗，越数千年而不衰，似今天的幼儿所写："牛羊下来。"好简单、好明白的话也！在这儿，那数千年间不见了沧桑，那秦、汉、唐、宋、元、明、清，是一片虚无了。历史，好像是从孔子的脚下，一步就跳到今天的。语言的演化，有时候就像原地未动。

① "牛羊下来"是什么样子？《诗经》在另外一首里，还有具象描写："济济跄跄"。只这四个字，你脑子里马上就会出现一幅生动的画面。牛羊众多，步调一致，美得就像一支仪仗队。这时候，你不能不想到，翻开我们现代的种种名著，它们在描写群牛群羊的时

❶ 此处采用了设问和引用的修辞手法，作者通过自问自答的形式，用《诗经》中诗句写出了牛羊下来时那美丽、协调、壮观的场景。

候，所用的语言，为什么显得那么寒伧？这反证了我们祖先的语言，实在厉害。

《诗经》，不愧是我们民族的诗性开端。

关于羊，有一个从东晋留下来的神奇成语："叱石成羊。"它来自一个神话，说的是弟兄俩，弟弟上山去放羊，可是再也没有回来。40年后，哥哥终于在一个石洞里找到弟弟。原来，弟弟是一直在此修炼。哥问那群羊呢？弟弟出门喊一声"叱！叱！羊起！"满山的石头都应声而起，成了数万好羊。这传说让人感到了美的醉人魔力。

①后来写牛羊最好的诗篇，莫过于我们的兄弟民族的《敕勒歌》。"天苍苍，野茫茫，风吹草低见牛羊。"它的意象，它的概括力，世难有二。

《苏武牧羊》是一个不朽的史诗。苏武被俘后，誓死坚守民族气节，被胡人流放到北海，即现今俄罗斯的贝加尔湖。②他们给了苏武一群公羊，说等到这些公羊生了羔子，才会放他回归汉朝。胡人不但加害苏武，同时也蹂躏了那些羊，使其变作羊中的太监或和尚。政治的魔鬼，害惨了世间。苏武宁肯吃雪卧冰，也不低头。那是一个凄苦而又壮烈的史诗。1990年我途经贝加尔湖时，火车居然沿湖走了近20分钟，我感受到了那个湖真可以称为北海。望着那波光无垠的美丽湖面，我的心里很难平静，想，当年苏武在这里孤苦伶仃19年，他满心的完美人性，比这景色还要美上百倍。③也许，曾在某一风雪漫天的日子，有一些羊会凑到他的身边，挨上他，给他以温暖。

① 说到牛羊，作者不禁联想到了《敕勒歌》中的诗句，通过诗句表达出了草原的浩大，牛羊的众多，给人留下无尽的想象空间。

② 胡人故意给苏武公羊，公羊不会生羊羔，苏武自然回不去，而胡人把羊变成太监或和尚，更是对苏武的羞辱。

③ 作者想象着苏武被俘虏后的生活，在寒冷的风雪中，也许只有羊会和苏武互相取暖，这一幕显得格外温暖。

在唐朝，诗人李白也写了牛羊，月光剑气和满腔豪放回荡其间："烹羊宰牛且为乐，会须一饮三百杯"。盛唐之盛，诗人的放浪不羁，写得何等狂狷忘情，淋漓尽致！那一边烹羊，一边宰牛、酒也备下一坛一坛的富足和豪放，到今天，依然撩拨人的味蕾和情怀。羊肉一锅，牛肉一锅，美酒一坛又一坛，活画出盛唐的辉煌气象。

在陕北的延川县的文安驿村，我曾访问过一个能编能唱民歌的妇女，她叫樊玉英，她养着一只羊，那羊差不多成了她的儿子。羊儿晚间与她同睡一屋，白天又总是跟着她。<u>①有一次，她去县上参加文艺演出，无法带羊儿，就把羊儿寄在亲戚家，可是她走到半路，总是放心不下，就跟司机求情，请他停车。结果她刚一走下车门，羊儿就扑到了她的身上。</u>这是我第一次知道了人和羊之间，可以产生感情。

我们陕北自古羊多，我从小儿常常见羊，羊的形象，羊的叫声，使我感到美好和温暖。因此我对羊也产生了一种特殊的感情。大概正是由于这样，我那年出散文集时，神使鬼差，将集子名定为"羊想云彩"。那集子后获鲁迅文学奖。现在看来，那集子名起得太好了。<u>②这里的羊，已通了人性，是有思想的，会思考问题的。而它又脱俗了，想的不是羊群的事，也不是人间烟火，而是云彩，很有些浪漫气质，如诗如歌。</u>

❶ 樊玉英把羊寄在亲戚家还不放心，可见她对羊的情感之深厚，而她的羊也不愿离开她，紧紧跟着车辆，这才会在她下车的时候就扑了上去。

❷ "羊想云彩"中的羊已经有了人性，它已经不仅仅是一只羊了，而这个名字也显得格外诗意。

延伸思考

1. 作者列举了那么多和羊有关的故事，这样写有什么作用？

_____

_____

2. 作者为什么要讲述"叱石成羊"这个典故？

_____

_____

3. 结合文章和你所知道的知识，说说作者为什么写到"那是一个凄苦而又壮烈的史诗"？

_____

_____

牧人之心

名师导读 ▶

　　牧人靠畜牧为生，虽然迫于生活，无奈将羊羔们和母亲分离，但他们敬畏生命，尊重生命。看到母羊为了孩子拼尽全力，他们做出了一个人性的决定。

❶ 此处为场景描写，牛犊因为吃太多撑得起不来，牧人让牧羊犬去帮忙，这一切都显得格外温馨、有趣，犹如优美的画卷。

　　记得有一年，我采风到了内蒙古。那是一个傍晚，红狐般燃烧的夕照中，牛角和羊耳如流动的波涛，踏上了归途。①牧人忽然发现，有一只牛犊倒在那儿，四腿乱蹬，怎么也翻不转身。牧人对我说："嘿！今年草太好，撑得那家伙爬不起来了！"然后他又对牧羊犬说："去！你把那大傻瓜扶起来！"牧羊犬完全明白，立即飞奔而去。

　　就是这犬，这人，这牛羊，组成一幅草原油画，如出于大师手笔。

　　牧人家有一批已经长了八个月的羊羔，他把那些卖给了一个公司。第二天买家开了车，前来接货。牧人全家动员，走进羊栏里，要把那些羊羔和母羊分开，然后聚拢起来，向车上赶去。那真是一件很不容易办到的事情。① 母羊和羊羔就像长在一起了，累得人们热汗横流。羊羔叫，母羊嚎，弄得人们心都软了，眼眶也湿了。有一只母羊还几次走到牧人的妻子身边，向她求情。她对我说："它精着哩，知道男人常常说一不二；它觉得我平时好说话，就来找我。可是，我有什么办法？"后来，他们一家，咬住嘴唇，心一硬，还是要把羊羔分出去了。牧人对我说："母羊和羊羔母子情深，无法割舍，但是，在这世界上，羊羔长到一定程度就要被出卖，那是它们母子的宿命，是上天定了的。"一位老者更说："羊是老天给人准备的一锅饭食。"

不久，羊羔们就被一只一只地装上车了。

② 牛、马、骆驼、山羊、绵羊，是牧区五宝。它们是牧人生存的全部依靠。牧人不像农人，除了牲畜，还有土地上生产出的粮食。牧人们和牲畜以及周边动物，有着最紧的联系，几乎做到了冷暖与共，呼吸相通。在敬畏生命，关爱生命的事情上，他们是实践得最好的一部分人。他们有时不得不做出狠心之举，这常使他们伤感。但是他们不能否定现实，摆脱现实，那是不切实际的。他们生活在一个巨大的悖论中。所以他们很自然地认同佛教的说法：众生皆苦。其实在这一点上，别说他们了，整个世界都为找不到出路而痛苦着。

③ 到了买家发动了车子的时候，一只母羊，猛地

❶ 母羊和羊羔并不愿意分开，因此紧紧黏在一起，它们的叫声更是哀婉、凄惨，充满了恳求，令人不忍。

❷ 作者对牧人硬着心肠卖羊羔的行为做了解释说明，并非他们绝情，而是迫于生活，他们也没有别的办法。

❸ 此处为动作描写，母羊似乎知道车走了羊羔就回不来了，因此想要救下羊羔，体现了母羊的爱子心切。

从羊栏跃出，谁也挡不住。车子开走，它向车子追去。牧人只好骑了摩托车，打屁股撵去。

牧人终于找回了母羊，关进栏里。

为了平复母羊的心，牧人的妻子轻轻抚摸母羊的脖子，并且给母羊唱着一首古老的歌，劝说母羊要想得开。当我与她攀谈时，她说羊儿真有灵性。我问：人希望羊儿更灵吗？她说："那当然。"她接下来又对母羊说："我保证会给你好好加料，你一定会很快又有儿女的。"

看见母羊情绪好了一点，她给母羊解开绳子，又给母羊擦澡。忽然，母羊又冲出羊栏。我看见，那边远远的地方，有一辆卡车正在走过，母羊或许以为那车就是刚才的车，便狂追上去。车在那边扬起尘土，它在这边尘土罩身。① 后来，它终于耗尽了体力，倒在地上，软瘫如泥。

牧人之心，心如刀割！

② 牧人再次找回母羊时，决定把它的三个羔子，赎回一只。而且他们决定，以后再卖羊羔的时候，不要一下子给全卖了；要给母羊留上一只，让它慢慢适应。

我觉得，这可能是在天地筑就的命运牢房里，给牛羊们打开了一道人性的小缝。别看缝小，却应是时代的一个进步。

❶ 母羊以为开过的车就是刚刚的车，因此拼尽全力也要追上去救小羊。"软瘫如泥"生动地写出了母羊极度疲劳的样子，表现了它对孩子的爱。

❷ 牧人虽然要生活，但是他们也懂得母羊的感受，因此两相权衡，决定把羊羔带回一只，以后也是如此，这体现了人性的光辉。

延伸思考

1. 结合文章，说说第三段中你对牧人和老者所说的话的理解。

_____

_____

2. 倒数第二自然段，牧人最后为什么决定赎回一只羊羔，而且决定以后也都要留下一只？

_____

_____

3. 结合文章内容，谈谈你对人和动物之间的关系的感受和认识。

_____

_____

一朵一朵数流霞

岁月长河奔腾而去，无数的人们在其中挣扎、奋斗。从古至今，中国有无数杰出的作家，无数优秀的作品和精神品质，我们何其幸运，有这么多的营养可以汲取。

❶ 此处采用比喻的修辞手法，生动形象地写出了岁月匆匆流逝，永不停歇的特点，谁也无法阻挡。

❷ 每个人的人生都不一样，有些人幸运地成了伟人，做了壮举，有些人却平平淡淡过了一生，但不管如何，每个人都能有自己精彩的一生。

① 岁月是一条河，其水汤汤，其浪活泼翻滚，哗啦啦啦如前进的脚步，无止无息地奔流。

每个人都可以在这河里找到自己。

河很长，人生苦短，每个人只能流在自己有限的波段里。

在此生命波段，如果能和某一伟大人物和伟大时代一起奔流，并留下一份记忆，当然是值得骄傲的事情。

② 在此生命波段，有的人被推上大浪之尖，有的人却从无那样的幸运，但每个人都能奔流出自己的精彩。

188

扑向中流，释放出人生的奇崛能量，尽显出血性、智慧和才华，理所当然是好男儿的不息追求。

然而，身在河流里的每个人，都不是孤立的存在，都有着繁复的关联。不论你身在何方，也要受到亿万人的影响，或在看得见的身边，或在千万里之外，或是被推动着，裹挟着，或是被挤碰着，制约着。①人们各自在大河中达到的位置，是宿命，是自己的力和复杂浩瀚的力共同作用的结果。只要奋斗过，追求过，就应该赞赏自己。

这条河是大禹疏通过的河，是流经山海经的河，是孔子老子谈论过的河，也是李白指出源头的河。这条河是史家之绝唱，无韵之离骚。这条河的一起一伏，如同聂耳冼星海刘炽们谱曲时的呼吸，浮漾着时代的阴晴睡醒。看这大河的气势吧，"三万里河东入海，五千仞岳上摩天"，何其豪壮！

在这河里，分明有一条灵光四射的文脉，贯穿始终。文脉里的一滴滴水，永远是忧伤深沉壮烈多了几分。而那些志存高远、心系苍生、勤奋努力的作家，他们不断掀起的激动人心的浪花，终会蒸腾而起，成为我们精神天空不灭的流霞，焰火一样辉煌。

②数流霞，从头数。哦，那是隐约可见的甲骨文，那是隐约可见的金文，那是隐隐约约的霞光初露的八个字："断竹，续竹，飞土，逐肉"。接下来大篆小篆隶楷行书如群莺乱飞，目不暇接。从"关关雎鸠"，到"余幼好此奇服兮"；从"籍曰：'彼可取而代之也。'梁掩其口"，到"君不见青海头，古来白骨无人收"；从"环

❶ 人并非独立存在的个体，我们每个人都想要成功，但是这并不单单取决于我们的努力，也取决于社会各种因素，因此，只有努力过，不留遗憾就够了。

❷ 此处为过渡句，承上启下。流霞指的是那些作家所创造的作品，指他们的佳作所带来的精神和思想。

189

滁皆山也"，到"气吞万里如虎"；从"莫不是八字儿该载着一世忧？"到"一语未了，只听后院中有人笑声，说：'我来迟了！'"；从"然而我们的阿Q没有乏，他永远是得意的"，到"别看五千年没有说破"；① 从"月亮升起来，院子里凉爽得很，干净得很"，到"改改！你见天黑间往外跑做啥？"从"上海关。钟楼。时针和分针"，到"妹妹叫宝情（成），我叫情（成）渝！"炫目的流霞一路流下来，落到风里、草里、水里、窗里、户里、灯里，浸透了我们的每一个早晨和每一个傍晚。

这流霞入杯可饮，这流霞可浇心田，这流霞出唇就是歌。

在中华"天人合一"的哲学中，气，逸窜于宇宙和人生。或可见，或无踪。"文以气为主""腹有诗书气自华"。作家和读者之间，是以暗逸默窜的气所连通的。② 没有气的诗文我们见得多了，那都是僵尸。一件好的作品，必然是活的生命，必然有脉动和呼吸。而一个好的读者，面对好的作品，必会体验到那涌动、回荡、流转和飞升的气，是一种美的享受。这气是作家灵魂中的才气、灵气、血气、骨气、醇美之气、浩然之大气，它一旦渗入你的心灵，就会呼唤出美的回响。

我们好有福呐！先人给我们留下的遗产，硬件有辽阔疆土、高山大河、森林草原、岛屿海峡、珍禽异兽，以及我们一代代的身躯；软件则是诗和箫，文和剑，诗魂剑气的精神流霞。不论它们是何种形态，都是我们的恒产，一件都不可少。

③ 假如没有独步寰宇的唐诗宋词，唐就瘪了，宋

❶ 作者细数了从古至今的佳作，表现出了在中国的悠久历史里，好作家、好作品的繁多。

❷ 好的作品中有着独特的气蕴，没有这样的"气"，作品也就没了灵魂，只是冷冰冰的文字，这样的作品读者是感受不到美的。

❸ 作者通过反问的修辞手法对唐诗宋词等精神财富做了高度的肯定，我们的历史之所以如此丰富多彩，都是因为有精神文化。

就陷了，它们就近乎庞贝废墟，属于我们的语词也会没精打采，昏昏欲睡，我们还能高高挺立于亚细亚吗？

有了这文脉丰盈的流霞，我们灵魂中就有了美好景色，我们的生命中就生出了高贵气息，而正义和良知就扎下了根，就会与我们相伴终生。

有了它，就会有雨，就会有雪，就会有三伏的雷响一阵一阵，我们的民族和国家，就会总是生机勃勃。

我本陕西人，不论走到哪里，一双兵马俑式的眼睛，时时观照陕西。人道是秦川八百里红尘攘攘，开门闭门，辣子秦腔，脚底下踩的是代代帝王。① 而古都西安，"半城文化半城仙，凉菜里都拌着诗的标点"。这虽是戏谑地自诩，然而，文脉浩荡确是事实。

一朵一朵地数，数流霞。那一朵正流到头顶的是谁啊？

"唔，成章，是谔（我）——陈忠实。"

啊，好亲切的声音！你让我心跳让我惊喜！

但我看见的却只是白鹿腾跃于明灭中，若幻若梦，流霞一抹。

忠实！你升起时，离我的距离好近好近，几乎能扫着我的眼睫。② 忠实！你是从灞柳风雪中升起来的；你是从柳青的肩膀上升起来的；你是从辽阔壮美的白鹿原上升起来的，你以你的飞升，演绎着民族的百年秘史，给人们提供了一个崭新的审美角度。

忠实是我的好友，他的去世曾使我震惊哀恸。他是一个格局浩阔的作家。在文学的河里，他一个猛子扎下去，隐身六载，磨砺六载，苦写六载，他的思想

❶ 这一句生动地表现出了古都西安的深厚文化底蕴，而这文化、这精神融入西安人民生活的方方面面。

❷ 陈忠实先生生于灞桥，而"灞柳风雪"是那里著名景点，而他又受到柳青先生很大影响，《白鹿原》则是他的作品。作者运用排比，通过这三个事物更好地介绍了陈忠实。

和艺术的不凡气场，顿令许多作品黯然失色。他在成就《白鹿原》的同时，也成就了自己的不凡人生。他死后，被人们称为"关中正大人物"。

杜甫曾经说："为求一字稳，捻断数根须。"我们通常只惊叹于杜甫之树高大伟岸，却不曾看见那大树之下，是密密麻麻、苍苍茫茫的捻落的无数枝柯。如果没有吃苦精神，绝然与作家二字无缘。

① 现代文学巨匠柳青，也是一个大思想家。他曾说："文学是愚人的事业。"这是个十分精辟的论断。大凡有点作为的作家，无不是个愚人。而其中的大愚，勇于在一片混沌中求真写魂的愚中之愚，放弃了尘世中的百般诱惑，与天地精神往来，一心从岩层里开掘元气，令历史的气色为之一亮。

还是柳青说得好："作家是以六十年为一个单元。"欲登文学之峰，其路迢迢，自古至今，多少人在苦苦跋涉。陕西的老一辈作家柳青、杜鹏程、王汶石、李若冰、魏钢焰，每个都是老去了的跋涉英雄。随着改革开放，一大批青年作家脱颖而出，佳作连篇。他们因为呕心沥血而早逝者，有一长串的名字：李佩芝、路遥、邹志安、田长山、陈忠实、王观盛、张子良、蒋金彦、王晓新、红柯、冯福宽等等。他们都是文学的殉道者，是振动于形而上的能量，是耀眼的流霞。

② 无数优秀的作家已经走了，我们头上流霞如水，如火，如旗，我们传承着他们的精神，汲取着他们的创作经验，向前走去。路上有树有鸟，有春天的禾苗，风正好，气融而情畅，山高水长。当我们累了的时候，

① 此处引用了文学巨匠柳青的话语，想要成为一个好的作家必须吃得苦，敢于求真，敢于放弃诱惑，这样的"愚"其实是一种坚守，一种智慧。

② 此处运用了排比和比喻的修辞，作者鼓励我们要传承先辈们的优秀精神和创作经验，在继承的基础上发扬、突破。

当我们文思滞塞的时候，我们都应该抬起头来，看看天空那些飘逸的流霞，作一次身心的洗礼，然后挥挥手，继续前行。

延伸思考

1. 仔细阅读这篇文章，请你简要说说这篇文章的文学特点。

_____

_____

2. 作者为什么说陈忠实是"从柳青的肩膀上升起来的"？

_____

_____

3. 文章中引用杜甫的话语"为求一字稳，捻断数根须"有什么好处？

_____

_____

★ 参考答案 ★

第一辑　关中风情

【读　碑】

1. 因为很多很多的英雄儿女为了缔造我们的幸福生活竟都倒在了血泊里，我们要珍惜今天来之不易的幸福生活，创造更加美好的未来。

解析： 要解读一句话的含义，谈相关的体会，首先要锁定这句话在文中的位置。"心中便升腾起一股悲壮感和使命感"这句在文章的最后一个自然段，而最后一个自然段往往起着总结全文的作用，因此谈对这句话的理解，就务必要通读全文。而文章在第⑤自然段说："那年去了一趟南泥湾，我竟发觉，我并没有读懂！"可见，从这里开始才是对人民英雄纪念碑进行更为深刻的分析与理解，所以答案要锁定在第⑤段之后与最后一段之间。再仔细阅读，就能找到第⑪自然段的"这么多，这么多的英雄儿女，竟都倒在血泊里了！"由此得出，"悲壮"是指无数英雄儿女为缔造我们的幸福生活而牺牲，而"使命感"则是我们应该怎么做，也就是谈自己的感悟和做法，由此可以得出要珍惜幸福生活，为后人创造美好条件或者继承革命先烈的意志之类的感悟。

2. 作者以前认为纪念碑是用来纪念革命先烈的，后来认识到碑是由几千万英雄儿女的生命构筑的（或它记载了我国人民斗争历史；是无数先烈生命的象征等）。

解析： 要解答"到南泥湾之前和之后，作者对人民英雄纪念碑的认识有什么变化"这一问题，就要以第⑤段为界限，因为第⑤段中有"那年去了一趟南泥湾，我竟发觉，我并没有读懂！"品读①至④段，可以找到"我不由再次仰起头：彼苍者天，伟哉此碑！丰碑千秋！"这句话，由此提炼出，此时"我"认为纪念是用来纪念革命先烈们的丰功伟绩的，是一种敬畏的心理。再读后面几个自然段，可见"我"因为密密麻麻的烈士们的名字而联想到他们以血肉之躯缔造我们的幸福日子，对这些失去生命的烈士，心存悲痛，同时也让自己感受到了使命感，是从精神上去感受纪念碑。所以得出答案：以前认为纪念碑是用来纪念革命先烈的，后来认识到碑是由几千万英雄儿女的生命构筑的，或者说感受到烈士们是用血肉之躯为我们缔造幸福的。

3.示例一：父母每天的呵护，让我感受到了他们对我的爱。那天看到了妈妈专门为我写的成长小记，那一份牵挂、喜悦与满足，让我真正体会到了爱的无私和伟大。示例二：我参观湖北省博物馆时，听编钟演奏，只觉得奏出的声音很美。读了有关编钟的书后，知道编钟有两千四百多年的悠久历史，它是博大精深的荆楚文化的一个缩影，我为我们祖先的聪明智慧而自豪。

解析：此题为开放性题，只要围绕"对某一事或某一物的认识从表面转变到了内在精神"深层感受即可。比如示例一：我认识爸爸妈妈对我的呵护从关爱感受到了这份爱的伟大、无私；示例二对编钟演奏的认识从声音优美到感受到悠久的历史文化，产生了民族自豪感。再如，小狗每天迎接我，从感觉小狗可爱到认识到动物也有灵性，人与动物应该和谐相处，等等。

【殷殷插柳】

1."殷殷插柳，插柳者融身于柳"写出了"插柳者"甘愿像柳树一样，为别人、为社会默默付出的精神："殷殷插柳，插柳者融身于春"则更进一步写出了"插柳者"甘愿为别人、为社会奉献一切乃至生命的崇高境界。

2."插柳不叫春知道"在文中多次出现，运用了反复的修辞方法，使插柳者的形象逐步具体化，内涵加深，强调突出了作者的赞叹之情，赞美了那些脚踏实地、甘于寂寞、淡泊名利的各行各业的默默奉献者。

【关中味】

1. 对比。

2. 这句话把美食上升到了艺术的高度，体现了作者对油泼辣子彪彪面的极度喜爱之情。

3. 作者把对美食的喜爱加注到对关中的深情之中，关中情，就是一碗浓烈香醇的油泼辣子彪彪面。

【看麦熟】

1. 严父慈母，文中爹娘所呈现出来的截然不同的态度其实是他们对女儿爱的方式的不同，他们都是为女儿着想考虑，只是打上了各自性格的烙印。

2. 因为她们就像麦子一样，心里盛满了沉甸甸的感恩，她们将自己的心分作两半，负重最多、爱最多，具有极致的人情味和人性美。

【压　轿】

1. 压轿是一种旧风俗，因为"我"一岁的时候爸爸便去世了，妈妈带着"我"来到这个家，"我"不是这个家的"人"。

2. 秦娟执意让"我"压轿，一方面是遵守了自己的承诺，保护"我"的幼小心灵；另一方面她代表着八路军，让"我"压轿，也象征着新社会对旧习俗的否定和挑战。

【老虎鞋】

1. 老虎鞋是"我"穿的第一双鞋，它带着同妈妈的手温，带着革命母亲对下一代的希冀，饱含着对"我"的深情和厚重的祝福。

2. 因为作者想要自勉，想要牢记它所承载的厚重情谊和希冀，在开创现代化建设新局面的斗争中，增添勇于革新、勇于进取的虎虎生气。

【我的杨家岭】

1. "我"为了得回自己的衣服，写作了一篇《我真佩服田双》的文章，并发表在《延安报》上，还获得了稿费，引起了同学的关注，故而组建通讯组。

2. 杨家岭对"我"意义深刻，因为它有着厚重的艺术积淀，让我能受到这艺术积淀的熏陶，获得后来走上文学创作道路的定力和悟性。

第二辑　朴素人文

【羊肚子手巾】

1.（1）这是文章的线索，起着贯穿全文的作用；（2）设置悬念，激发读者阅读兴趣；（3）点明文章的写作对象；（4）交代文章的主要内容，暗示文章的主旨。

解析：本题考查的是标题的作用。解答思路是先回顾标题的常见作用有哪些，然后根据文章内容来选择。标题常见的作用有：（1）这是文章的线索，起着贯穿全文的作用；（2）设置悬念，激发读者阅读兴趣；（3）点明文章的写作对象；（4）交代文章的主要内容，暗示文章的主旨；（5）交代事件发生的背景；（6）奠定文章的感情基调。结合文章内容就能选出"白羊肚毛巾"这一标题的作用。

2. 大人告诉男孩子，不要着急，要健康成长，长大后会有一条属于自己的像花一样的羊肚子手巾。

解析：本题考查句子赏析能力。赏析句子的一般步骤是：（1）分析是否使用修辞，如果有从修辞角度回答；（2）看看有无用什么表现手法，如果有针对性回答；（3）无特殊手法时，从词语角度赏析。本题"急个甚！好生长吧，一棵草终究要开一朵小白花哩！"这个句子，显然使用了比喻句，再则"急个甚"的短语体现了大人们希望男孩们不要着急，要健康成长的期望，所以本题可以从短语和比喻的修辞手法来回答。

3. 从三方面表现"羊肚子手巾还常常浸透着劳作的艰辛"的；擦掉劳作的汗水；抵御寒冷，给身体保温；包扎伤口。

解析： 本题考查学生的情节概括能力，概括事物特征、概括事情过程、概括作者的观点、概括文章的思想情感等都是常见的考查范围。完成概括题的第一步就是锁定搜索答案的区域，根据"羊肚子手巾还常常浸透着劳作的艰辛"这一提示，可知答案与劳动有关，因此我们可以锁定搜索区域为第六自然段，通过品读和提炼，就能提炼出三点来：擦汗水、抵御寒冷、包扎伤口。

4. 选文表达了作者对羊肚子手巾的珍爱和回忆，羊肚子手巾曾经象征了陕北农民的淳朴勤劳善良，对陕北农民不再戴羊肚子手巾的失落之情。

解析： 本题考查对文章主旨的概括能力，作者的情感往往在开头和结尾段可以找到，因此我们先品读首尾段，再品读中间段落每个自然段的首尾句。按照这样的顺序去找或感受主旨，就能顺利完成此题。

【鞋　垫】

1. 因为母亲知道自己来日无多，大限将至，所以争分夺秒地想为"我"尽量多留下一些鞋垫。

2. 因为有鞋垫的衬垫，"我"比原本的自己高出了一毫米左右；而且由于鞋垫上寄托的伟大母爱，使得"我"对事业的牛劲、韧劲和钻劲，甚至是激活的想象力都比原本的自己高出一毫米左右。"我"以这一毫米来抒发对母亲的感激和热爱。

【华阴老腔】

1. 乐器声音的阳刚之气，秦腔唱腔的苍凉之气，老腔的原始、自然、高亢之音，演唱者质朴、忘我地演唱。

2. 从内容上：通过描写观众的热烈掌声，表现出了人们对华阴老腔的热爱；从结构上承上启下，承接上文华阴老腔的震撼表演，引出了下文白毛老农对华阴老腔的忘我演奏。

3."万籁俱寂"本指十分安静，没有一丝声音；用在文章中表现出演唱者吼得十分忘我，入迷的状态，表达出演唱者对华阴老腔的深爱之情。

【雪中婚宴】

1.（1）很传统，这种露天饮宴在陕北流传了几千年，体现了一种民俗风情和文化传统。（2）很独特，雪中婚宴是"正史野史中都不曾记载过的"，是人与大自然的完美融合，给人以强烈震撼。（3）很质朴，酒席摆在露天院子里，雪花纷纷融入"热腾腾的菜肴"，人们"乐滋滋"地喝酒猜拳，既质朴又热闹。（4）显气概，参加雪中婚宴的人们，"没有一个人紧缩脖子"，他们的骨头在岁月磨砺中储满了生命烈焰，粗犷而豪放。

2.景观对比，如首段大雪仿佛把"整个世界"冻结成"没有了一点儿活气"的自然之景与院子里人们"正在动着筷子，正在宴饮"的人文之景对比，突出了雪中婚宴场面的喜庆和热闹。

3.文章通过对"雪中婚宴"场景的描写，借助联想由此及彼、从外而内地拓展到传统的习俗风情深入到人们的精神世界，表达了对传统文化的真切喜爱和对陕北人民精神文化的由衷赞美。

（1）扣住"雪中"，婚宴从开篇到结尾，都处于"雪中"这一场景，"雪"贯穿于全篇，从"雪花"纷扬到天地一色，从"雪"落到餐桌上、人们头上、衣服上和筷子上、菜肴中，从"雪中"的"别致场面"到"雪中"人们的精神气度，人人都在"雪中"，事事均关"雪"，既让人震撼，又令人沉醉。

（2）突出"婚宴"，由标题可知，"婚宴"便是中心词，故文章笔墨着力泼洒在"婚宴"之上，院子、餐桌、菜肴等静态事物，猜拳、唱曲、吟诗、伸筷子、喝几盅等动态行为，都渲染了"婚宴"的喜庆热闹和诗情画意，也表现出传统习俗的质朴与陕北人民的粗犷，深化了作品主题。

【鸡鸣在耳】

1. 中国人有中国的精神，中国人有中国的情怀。

2. 这一句运用了比喻的修辞手法，寓指中华民族阔步向上，一步步走向光明，走向希望，走向繁盛。同时连用三个"的台阶"，构成排比修辞手法，使文章节奏鲜明，使语句节奏明快，简洁有力，强烈抒发作者对《诗经》赋予中华民族的诗意之美、音乐之美、精神之美的赞美，感情抒发酣畅淋漓，增强文章的表达效果和气势，很有感染力。

3. "鸡鸣"有两层含义，表层含义指鸡的叫声。深层含义结合"期冀伴着那隆隆鼓声和黄帝陵前悠长的鸡鸣，人们一起向着明天意气风发地走去，脚步铿锵"分析，"鸡鸣"含蕴着美好的、象征着希望的信念。它昭示着我们总会迎来天明，总会重新站起来，阔步向前。

【庚子的云彩】

1. 层次感十足，色相多元；美入骨髓；具有强烈的视觉冲击力；满足人们审美需求等。

2. 宋代画家郭熙说："云彩是山水画的神采。"它当然也是我们万里河山的神采。它总是精神饱满、容光焕发、器宇轩昂，使人兴奋，令万物增添着生机和活力，连被寒霜打过的小草，也都挺直了身子，一派蓬勃向上之姿。所以庚子云彩的精神、气质和活力，象征了中国山河的精神气质。

3. 在我们祖先的审美世界里，云彩一直是不可或缺的元素，它已成了我们的文化基因，而作家余光中，更是以云彩概括中国的文化气质，他认为，只有"云缭烟绕、山隐水迢"的风景，才是中国风景，可以看出云彩是我国文化基因的一部分，它是中国风景中的重要元素。

【信天游】

1. 问题：为什么信天游是一件绝伦的艺术品？原因：文章第一自然段高度赞美了信天游，但是没做具体介绍，为下文铺垫的同时吸引读者兴趣，为什么它是一种艺术品。

2. 运用比喻、对偶的修辞手法，将陕北的山川大地，比喻成延安信天游的舞台，生动形象地展示了信天游的普及之广以及贴近生活的特点，将信天游的歌声比作云霞之辞，体现了信天游的高亢嘹亮的特点。

3. 本文语言虽然较多平铺直叙，但多处运用了比喻、对偶、排比、夸张等修辞手法，抒发了情感，增加了文章特色。作者在写作中不但引用了很多信天游的段落、句子，很多地方还借鉴了信天游歌词的表达方式，如"猛乍乍淌出一股飘逸的光""陕北的歌子""信天游歌手就像春雨过后的山丹丹，开得好红好红，这山是，那山也是""绕着月亮转圈圈红"等，使全文散发着浓郁的黄土高原上原生态的、浓郁的信天游的韵味。

第三辑　陕北风物

【三角梅】

1. 憧憬→沮丧→痛恨（憎恶、厌恶、厌弃）→惊喜

解析：从命题来看，ABCD 四个字母表示文章的情感要分为四个阶段，因此，我们通读文章，找出所有关于情感的句子或词语，然后进行提炼即可得到答案。本文涉及情感的句子有："所以对它怀着极为美好的憧憬"（憧憬）；

"不料遇到了令人非常沮丧的事情"（沮丧）；

"我和老伴对它几乎不抱什么希望了，感伤地想，它总有一天会死去的"（伤感）；

"于是我和老伴多次站在它的面前叹喟，皱眉，甚至责骂"（责骂）；

"至此，全家的意见都一致了，欲除之而后快"（厌弃）；

"我们惊喜地看见"（惊喜）；

"我急忙叫来老伴，让她也高兴高兴。"（高兴）；

根据这些句子提炼相应的表达情感的词语，再进行对比，把同一时期的情感合并或选择其一，然后就能提炼出四个阶段的情感。

2. 写了三角梅在栽下的三年里毫无变化、毫无生机。为下文写三角梅的盛开作铺垫。（与下文写三角梅的盛开形成对比，突出了三角梅盛开的美丽，欲扬先抑，收到出人意料的表达效果。）

解析：本题包含两个问题，解答时一定要注意，千万不要漏题。第一个问题是②～⑤节的内容，通过简单概括就知道这三个自然段写的是三角梅三年里没有变化，毫无生机，甚至好像马上就要"死去"了；第二个问题是考查这部分内容在文中的作用，本题可以从欲扬先抑、对比、作铺垫三个角度来分析，选择一个自己比较容易解答的角度分析即可。

3. 本以为将要死亡的三角梅竟然开出如此美丽的花朵，出乎意料，让她感到惊喜，因此"眼中闪耀出多年来少见的美丽光彩"。

解析：此题考查的是句子赏析能力，解题思路为先看是否用修辞或者表现手法，如果没有则从提炼词语的角度来分析。针对"老伴的眼中闪耀出多年来少见的美丽光彩"这个句子，很显然要从词语的角度来解析，"美丽光彩"在这里指老伴眼中的惊喜神情，体现了她看到原本以为要死了的三角梅开出火红的花时喜悦的心情，只要围绕这层意思回答即可。

4. 描写的角度：花的颜色和形态，写出了三角梅花色的美丽和花朵形状的动态之美；用了比喻的修辞手法，将花朵比作张开翅膀扇动、奋争、翩飞的蝴蝶，生动形象地写出了三角梅的花形、动态和生机，表达了作者对三角梅的喜爱之情。

解析：题目中明确要求要从"描写的角度"和"修辞手法"两方面两个角度来解答，首先回忆"描写角度"有哪些？常见的有：五感（视觉、嗅觉、听觉、味觉、触觉）、动静、正面侧面等，品读所给的句子，就能从常见的描写角度中选出对应的方向进行回答，如参考答案；再看修辞手法，这句话很明显运用了比喻的修辞手法，因此只需要按照比喻修辞手法的答题思路进行即可。（参考思路：运用了比喻的修辞手法，把什么比作什么，生动形象地写出了什么，体现/表达了什么之情。）

5. "奥秘"指高深神秘不易了解的事理，"潜能"指潜在的还没有发挥出来的能力或能量。文中三角梅的生长过程告诉我们生命的成长有自身的规律，有时并不被我们察觉，它是一个漫长的过程，需要静静地等待；只有不断地坚持、不断地积蓄、不断地拼搏，才能够绽放出生命的美丽。

解析：此题考查的还是词语赏析三部曲：第一部解释词语的意思，第二部联系文章，看看在文中指什么；第三部体现或者表达了什么情感。但是在开始这三部前必须将这个词语还原到原句子，并且找到句子在文中的位置，再联系上下文进行解释。词语所在的句子是"生命，真是有些说不清道不明的奥秘和潜能的。"该句在文章的最后，因此这里的"生命"一定和三角梅有关系，而"不清道不明"则与三角梅的生命历程有关，这样再来理解"奥秘和潜能"，可知"奥秘"在文中指的是三年毫无变化的三角梅突然开花了；"潜能"是在生死存亡的关头能够激发起潜在的生机。再结合词语本义、文中情感就能完成"词语赏析三部曲"了。

【安塞腰鼓】

1. 江南流水更多地表现柔美的风格，而安塞腰鼓需要承载这样原始、粗犷的生命力量的"厚土"。

2. 表现要冲破束缚、阻碍的强烈渴望。贫瘠的黄土地、困倦的生活，生活在这里的人们，物质上、精神上受到太多的压抑、羁绊。安塞腰鼓，表现了挣脱、冲破、撞开这一切束缚的力量。

3. 容不得束缚，容不得羁绊，容不得闭塞。是挣脱了、冲破了、撞开了的那么一股劲!

【扛椽树】

1.陕北的柳树颜色是黑的,枝条横向天空,树干是疙疙瘩瘩,毫不柔弱,能做椽子:生了砍砍了生,一生奉献。

2."扛椽树"这一名字道出了它的本质,突出了它的作用和精神。

3.想要歌颂一种精神:坚忍不拔、不屈不挠、勇于奉献。

【跑　藤】

1.内容上:直接抒发对瓜类植物蓬勃向上、生机勃勃精神的赞美之情,奠定全文的感情基调;结构上:充当文章线索,贯穿全文,激发读者的阅读兴趣。

2.生出藤蔓前长得慢,生出藤蔓后便开始猛长。

3.示例:在成长的路上,我们也应向文中跑藤的冬瓜学习,努力汲取养分,并不断以奔跑的姿态前行,成为更好的自己。

【绝美红脯鸟】

1.写各色鸟雀,是为了与红脯鸟形成对比。各色鸟雀外形不美,突出红脯鸟的美;各色鸟雀争食时胡乱糟蹋,突出红脯鸟吃得细心,绝不胡来。引出下文"我"对红脯鸟的爱怜、优待与敬重。

2.绝美红脯鸟美在:(1)外形柔美,姿态优雅;(2)善解人意,懂得感恩,啄吃桃子时绝不胡乱糟蹋;(3)重情重义,舍身救助陷入险境的同伴。

3.最后一段交代故事结局:红脯鸟在"我"的救助下恢复了生机,令人欣慰。升华文章主题:红脯鸟的美不仅在于外表,更在于精神;红脯鸟的这种精神亦是我们人类需要学习并实践的,是人类社会生生不息的保证。

【小洋槐】

1. 实际上描写的是洋槐树所开的花儿。洋槐花儿就像是一串串儿爆竹，样子非常可爱。

2. 雷电，轰击过它们；狂风，撕扯过它们；暴雨，抽打过它们。至今还可以看见，它们的身上伤痕累累，疤迹斑斑。有的粗壮的枝条不知在什么年月已被折断，枯死了，却依然悬在树上。

3. 比喻和拟人的修辞手法。把它的心灵比喻成明净露珠，生动形象地描写了小洋槐的纯真、可爱，体现了作者对小洋槐的喜爱之情。

第四辑　情深浅语

【小区的喜鹊】

1. ①②③④⑤⑥⑦⑧⑨⑩//⑪⑫⑬⑭⑮⑯

解析： 题干中要求把文章划分为两个部分，因此第一步就是要划分文章的层次，通过阅读可知第①至⑩自然段在讲述作者发现喜鹊和描写喜鹊的日常生活，第⑪至⑯自然段讲述"我"和朋友发现喜鹊高飞的现象，进而点明文章的主旨——喜鹊也有精神追求。因此要从⑩和⑪之间分开。

2. （1）表现喜鹊与人类关系的密切，为下文作者由喜鹊联想到人类的生活作铺垫。（2）句中的"总是""总"表现喜鹊与人的相似，突出它们的勤劳，表现作者对纯朴、勤劳者的赞美之情。（3）交代喜鹊活动的范围，并突出夫妇的恩爱，为下文作者自叹人类的弗如作铺垫。（4）表现喜鹊的飞行范围与高度，与在二十层楼上发现喜鹊形成对比，以此突出喜鹊也有不可小觑的精神追求，暗示文章的主旨。

解析： 本题考查赏析词语的能力，解题思路分为四点：第一，把握"总""总是"的本义；第二，联系句子和原文，看看在词语具体句子中指什么；第三，指出体现喜鹊哪个方面的特征；第四，表达作者怎样的情感。根据这四点，即可分析出这四个句子中加点词的含义和作用。

3. 第④段将喜鹊与鹰对比，表现它是人类的朋友，所以说"喜鹊不像鹰"；第⑬段为了赞美喜鹊高飞的勇气，表达它也有崇高的精神追求，所以写它"如威武的鹰隼"。

解析：本题考查的是根据语境理解句子的能力，因此，首先要把两个句子分别放回文中，看看其具体的语境，然后再进行分析和解答。第一个句子放回第④段可知，"喜鹊不像鹰"是指在与人类的关系方面，喜鹊喜欢与人类亲近，不像鹰冷峻、孤傲；第二个句子放回第⑬段品析可知，喜鹊居然飞上了二十层楼之高，如威武的鹰隼立于崖顶，体现的是喜鹊打破常规，挑战极限的勇气。

4. 文章连用五个问句表现作者对喜鹊敢于突破常规，飞至高楼勇气的赞美；同时也表达作者对现代社会，喜鹊生存环境越来越恶劣的担忧。

解析：本题考查学生的情感理解能力。题干中"复杂心理"其实是一个提示，即作者的情感至少包括两个方面，而"这儿一幢幢高楼如山耸立，楼下如宽阔峡谷般的院子绿树成荫""这露台一没有草籽，二没有虫子，三没有水，它为什么要飞了上来"等句子说明城市的环境不适合喜鹊生存，因此作者的情感必然有对喜鹊生存的担忧；再看"它是凭借了什么样的魔力，什么样的方式，什么样的升高轨迹，居然飞上了二十层楼之高，如威武的鹰隼立于崖顶？"这个句子中的"魔力""居然"和"威武"等词体现了"我"的惊讶和对喜鹊突破常规，挑战不可能勇气的赞美之情。

5. 世界上的一切事物，都应该如喜鹊一般，有自己的精神追求，有属于自己的精神世界，不为物质所累。

解析：本题考查赏析句子的能力。题干中"意蕴丰富"四个字说明这个句子有表层含义和深层含义，回答时要从这两个方面去分析。首先表层含义从喜鹊的角度出发，最后两段是写"我"和朋友对喜鹊高飞原因的猜测，我们一致认为喜鹊高飞是为了"看一看广阔的北京市景"，这体现了喜鹊的追求与理想；挖掘深层含义，则可以从"精神世界"这个关键词入手，由物及人，联想到人类，即希望人类也能像喜鹊一样，有深深追求。

【浅 春】

1. 主要抓住了"浅春"时的绿的特点来写。

2. 作者在开头写"春深的时候"的墨绿、万物慵懒的特点，引出了下文对"浅春"的描写，并使"深春"与"浅春"形成对比，衬托"浅春"绿得恰到好处。

【带着风声的花】

1. 幼时多次种花都未成活；上大学时到山中看花；一农村妇女赏花后整顿自己的妆容；与爱花奇人谈论山丹丹花。

2. 山丹丹花生活在山里，喜欢自由的空气；新鲜炫目，色彩艳丽；有灵性，给人以审美的启示；给穷苦人带来希望。

3. 山丹丹花带着刚健的风声的姿态：其状大异，花瓣向后反卷，力量遒劲、气势凌厉，其含义是带给人们深刻的启示——最美丽的姿态，是奋飞起来。

【七月的雷雨】

1. 天气突变、雨势猛烈、雨量很大、时间短暂、说停就停。

2. 这句话采用了比喻、拟人的修辞手法，把云彩比喻成纽约街头的流浪汉，生动形象地描写了云彩距离之遥远，为下文的描写做好了铺垫。

3. 这句话描写了在强风暴雨之后，雨骤然停了，连用四个"真的"，凸显了雨停之意外，也体现了七月暴雨之特点——说停就停。

【飘在夜空的乡音】

1. 指的是夜空中的虫鸣。

2. 这段描写了虫儿鸣叫的热闹场面。一开始只有一两只，接着五六只，不断有虫儿加入，最后变成了成千上万只虫儿在鸣唱，描写了千万只虫儿鸣唱的热闹场面。也反映了作者浓郁的思乡之情。

3. 体现了作者想去外面听虫儿鸣叫的急切心理。

【秋的文章】

1. "一"字"人"字描写大雁在天空中向前飞翔、奋进高歌的姿态，表现出大雁虽饱尝艰辛却奋力追求幸福的品格。"一"字"人"字是汉字中最古老、最常见、最常用的字，其中蕴含了中华民族世代相传的创造力，传承着中华民族悠久的文化。"一"字像地平线（像大地），是一切物事的初始，"人"有灵魂、有意志、顶天立地，它们共同体现了人在大地上迎接挑战、创造幸福生活的执着顽强、坚定乐观的精神。

2. "秋的文章"表现了大地丰收的景象，展现了人们创造的美好生活图景。"秋的文章"由辛勤耕耘的劳动者创作，蕴含着劳动者的创造智慧。"秋的文章"体现了中华民族世世代代迎接挑战，追求幸福生活的奋斗精神。"秋的文章"具有激励、鼓舞人心的力量，值得被记载传承。

3. 作者运用生动鲜活的口语和饱含着生活气息的方言，表现了富有黄土高原地域特色的景象，语言和内容相得益彰，文质兼美，独具韵味。

【有一种蝴蝶】

1. 姿态相近；色彩斑斓，有着迷人的花纹、图案和颜色；在风中起舞，飞得潇洒，富有动感。

2. 承上启下。总结了上文对象蝴蝶一样翩翩起舞的落叶的描写，引出下文对主旨的揭示；那落入泥土的落叶成为土地的精灵，滋养万物。

【种　枣】

1. 使文章内容丰富，更有可信度。也突出了枣树的顽强生命力，不需精心照料，自己就出现，长大了。

2. 作者将人们爱吃枣和孔夫子食不厌精相比较，生动地写出了陕北人爱枣的特点。

3. 采用了排比的修辞手法，生动具体地写出了不同人群面对丰收的枣子的欢乐场景。

【红着喊着千百树】

1. 采用了比喻的修辞手法，将枫树的变化比作川剧变脸，表现出了枫树变化的快速、神奇，令人惊叹。

2. 人和树都在校园中，都成了校园中的美丽风景线，忙碌的学生和红成一片的树让校园变得更加热闹。

第五辑　无声足迹

【石崖上的枣树】

1. ①路过的人们，对枣兴叹；②民间艺术家们想要摘枣，年轻后生扔石打枣；③我们攀崖摘枣，结果悻悻离开。

解析：这道题考查的是学生对文章内容的概括能力。题干中提到"哪几件事"，第一要通读文章，第二找出事件，只要耐心一点很容易找到答案。文章第二段再讲路人望枣兴叹；第三段讲山崖下民间艺术家们对枣子的心动，写了一个臂力过人的后生用石头打枣，但仅仅打下两三颗枣子；第五段则是写"我"和朋友爬到山崖上摘枣，但也只能悻悻离开。

2. （1）这句话运用了比喻的修辞手法。形象生动地写出了枣儿的色彩和数量之多，突出了枣树健壮而蓬勃（或生机勃勃　生命力旺盛）

的特点，表达了作者对枣树顽强生命力的赞美之情。

解析：题干中明确指出从修辞角度赏析句子，通过品读便知道这个句子用了比喻的修辞手法，结合比喻的答题思路即可轻松完成此题。

（2）战栗本义是颤抖，在这里是心灵受到震撼的意思，生动地写出了作者多年后读《诗经·蒹葭》突然省悟时心灵的强烈震撼，表现了作者对自己以前俗气的思想情感的顿悟和反省。

解析：本题是考查学生的词语赏析能力，首先找出这个句子中用得非常经典的词语，通过品读，我们可以顺利地找到"颤栗"一词用得非常好，然后根据答题思路"××是什么意思，这里指／写……突出／体现／表达了……"，只要仔细品读，就可以知道每个位置填什么，答案言之成理即可。

3. 第②段写出了不同的人们见到枣子的相同的表现。作用：从侧面突出金秋到来时枣子的美好和诱人，为下文年轻后生扔石打枣和我们攀崖摘枣做铺垫。

解析：此题考查的是句子或段落在文中的作用。解答此题，先要概括句子或者段落的内容，然后看起在文中的作用。

通过仔细品读会发现，路人的表现从侧面突出了枣子诱人，正是枣子诱人才有了后文后生打枣和我们爬崖摘枣的事件，所以为下文的情节做作铺垫。

4. 示例：从枣树的角度，处逆境而不畏难，顽强乐观，追求人生的最美境界；从人的角度，面对美好的事物，要学会欣赏，而不是占有；面对人生道路上的诱惑，要保持良好的心态。

解析：本题的题眼有"结合全文""联系生活实际""哪些""启示"四个。

"结合全文"说明必须要对文章的主要内容进行简单的概括。这是第一个得分点。

"联系生活实际"也就是要说说"我们自己"要怎样做。

"启示"说明要谈感悟，讲一定的人生道理。

【布达佩斯夜景】

1. 采用排比的修辞手法，使文章条理分明，朗朗上口，富有节奏感，还增强了气势。

2. 这句话采用了夸张的修辞手法，生动地描写出了大街上灯光璀璨的情景，突出了到处是灯亮闪闪的一片。

3. 既有古时候的典雅，又融合了新时代的新潮，既有当地特色，又兼有异地风情，格外迷人。

【牛　群】

1. 加州的牛群数量众多，生机盎然，显得格外壮观，在荒原上，视野中到处都是牛群。

2. 作者用绿、蓝、红、黑构成了一幅色彩鲜明的图画。原野到处都是黑的正是因为牛群遍布，表现出了牛群数量的众多。

3. 设下悬念，引起读者的好奇，同时使文章层层展开，更有条理。

【风雨起舞】

1. 这么写更突出了风的尽职尽责，提醒人们雨要来了。同时丰富了文章内容，为文章增添了趣味性。

2. 作者采用了拟人的修辞手法，写出了大杨树的树梢不同的形态，使大杨树变得可爱、淘气。

3. 作者用笔描述着风雨，用心感受着风雨，写着写着，就如同风雨真的出现在了纸上，自己也融入文章情节中。

【海上逢山】

1. 作者引用陆游、张养浩和李白的诗句，为了凸出眼前景色的壮观，突出了作者内心的震撼，只有用古人的诗句才能表达出来心中的感想。

2. 作者将自己看到眼前的雪山时的心情比作霹雳，突出了当时的震撼和震惊，也从侧面写出了景色的壮观、神奇。

【羊的诗篇】

1. 作者讲述了人和羊之间的有趣故事，丰富了文章内容，使文章充实、有趣，同时刻画了羊的不同形象，表达了作者对羊的喜爱。

2. 引用典故表明关于羊的描述很早之前就有了的，而且充满了诗意和趣味，可见古人对羊也有一种不解情缘。

3. 苏武被俘虏后被流放在贝加尔湖畔，条件艰苦，生活困难，有家不能回，因此"凄苦"，而他守住本心，再难也不愿背叛自己的国家，因此"壮烈"。

【牧人之心】

1. 牧人靠养羊、卖羊为生，为了生活，他们不得不让羊羔和母羊分离，因此这些羊的命运是从一开始就注定了。

2. 牧人们觉得羊是有灵性的，母羊和羊羔分离十分痛苦和绝望，他们也不愿看到，他们尊重生命，因此留下一只给予母羊安慰。

3. 示例：人和动物都是地球上的生物，应当是平等的，我们应当敬畏生命，不能把它们看成什么也不懂。

【一朵一朵数流霞】

1. 语气坚定，层层展开，逻辑性强。在文章中作者运用了许多比喻、排比、引用等修辞手法，使文章更加生动，内容更加丰富。

2. 陈忠实和柳青都是陕西甚至是中国现代文学的著名人物，而陈忠实先生的创作受柳青的影响非常大，可以说是在继承的同时有了创新。

3. 以杜甫为例，告诉人们创作需要反复推敲，想要有所成就就要吃得苦，显得更有说服力。

― 中高考热点作家 ―

中考热点作家

序　号	作　者	作　品
1	蒋建伟	水墨色的麦浪
2	刘成章	安塞腰鼓
3	彭　程	招　手
4	秦　岭	从时光里归来
5	沈俊峰	让时光朴素
6	杜卫东	明天不封阳台
7	王若冰	山水课
8	杨文丰	自然课堂——科学视角与绿色之美
9	张行健	阳光切入麦穗
10	张庆和	峭壁上，那棵酸枣树

高考热点作家

序　号	作　者	作　品
1	王剑冰	绝版的周庄
2	高亚平	躲在季节里的村庄
3	乔忠延	春色第一枝
4	王必胜	霍金的分量
5	薛林荣	西魏的微笑
6	杨海蒂	北面山河
7	杨献平	人生如梦，有爱同行
8	朱　鸿	辋川尚静